jet PRIMARY TEACHERS' RESOURCE BOOK 2

Willkommen zu *jet* Primary Teachers' Resource Book 2

Verwendungsmöglichkeiten

Dieses Buch enthält eine Vielzahl von Materialien für den Englischunterricht an Grundschulen, deren unaufwendige Vorbereitung ihren Einsatz sowohl zur kurzen, selbstständigen Wiederholung als auch im Rahmen themengebundener Projektarbeit erlaubt. Da gerade im Sprachunterricht neues Vokabular und neue Strukturen ständig in variierter Form wiederholt und angewendet werden müssen, bieten die hier zusammengestellten Kopiervorlagen eine neuartige Methode für derartige Übungen. Dabei ermöglicht die einfache Vorbereitung des Materials (welche in den meisten Fällen von den Schülern selbst vorgenommen werden kann) ihren flexiblen und spontanen Einsatz im Sprachunterricht.

Das Buch

In diesem Buch finden Sie 46 Kopiervorlagen mit Hinweisen für den Einsatz im Unterricht auf der jeweils gegenüberliegenden Seite. Dort, wo eine Arbeitsidee zwei Fotokopien umfasst, finden Sie die Hinweise auf der gegenüberliegenden Seite der ersten Kopiervorlage. Die hier zusammengestellten Übungen wurden alle von Grundschullehrerinnen und -lehrern unter Verwendung der Zeitschrift *jet* getestet und beinhalten eine Vielzahl unterschiedlicher Aktivitäten, z.B. Spiele, Bastelvorlagen, Arbeitsblätter und Lieder.

Themen

Die Kopiervorlagen in diesem Buch sind nach Themen geordnet. Die Themen dieses Bandes sind: **Homes**, **Transport** und **Food**. Sie wurden im Hinblick auf ihre Relevanz für Kinder und deren spezifische Interessen ausgewählt. Dabei sind die Kopiervorlagen nach folgendem Schema gekennzeichnet: Die ersten zwei Buchstaben des Themas und die Seitenzahl werden als Abkürzung zusammengefasst (z.B. **Homes**, Seite 1 = HO/01 und **Transport**, Seite 1 = TR/01).

Das Niveau

Das Material ist nicht für eine bestimmte Altersgruppe oder ein bestimmtes Sprachniveau konzipiert, da jede Übung einen Einstieg in das Thema bietet und von den Lehrkräften den individuellen Bedürfnissen ihrer Schüler angepasst werden kann. Dieser Band enthält Arbeitsmaterial zu sämtlichen Grundstrukturen sowie zur Erweiterung des Sprachschatzes, der in **Resource Book 1** eingeführt wurde. Daher eignen sich die Übungen sowohl für Anfänger als auch für fortgeschrittene Lerner. Die hier gegebenen Hinweise stellen nur eine Möglichkeit des Einsatzes der Materialien im Unterricht dar und können leicht den unterschiedlichen Bedürfnissen verschiedener Altersgruppen und Sprachniveaus angeglichen werden. Viele von ihnen werden durch Vorschläge für weiterführende Übungen ergänzt. Sämtliche Hinweise wurden mit den folgenden Symbolen gekennzeichnet, um anzuzeigen, für welche Arbeitsform sie sich besonders gut eignen:
☺ Einzelarbeit, ☺☺ Arbeit in Paaren,
☺☺☺ Gruppenarbeit.

Copyright

Die 46 Kopiervorlagen können für die Arbeit im Schulunterricht kopiert werden. Eine Klärung des Copyrights ist nicht notwendig.

INHALT

HOMES

Dieses Thema eignet sich besonders für den Unterricht zu Beginn des neuen Schuljahres, da die Fragen persönlicher Natur sind und sich die Schüler durch ihre Bearbeitung näher kennen lernen können. Es beginnt damit, dass die Schüler einfache Auskünfte über ihre Wohnverhältnisse und ihre Heimatstadt geben. Die Übungen nehmen dann an Schwierigkeitsgraden zu, bis die Schüler Geschichten in der Vergangenheit erzählen und über ihr Traumhaus sprechen können. Wie bei allen Themen in diesem Band kann das Material, das die Schüler produzieren, am Ende zusammengeheftet und mit einem Titelblatt versehen werden (z.B. *My Home*). Diese Hefter können am Ende des Schuljahres im Klassenzimmer ausgelegt und dann mit nach Hause genommen und den Eltern gezeigt werden.

Puzzle-Haus

☺ ☺☺

Sprachstrukturen

★ Häuser
★ das Alphabet
★ Buchstabieren

Materialien

★ eine Kopie der Seite HO/01 pro Schüler
★ dünne Pappe
★ Bunt- oder Wachsmalstifte
★ Klebstoff und Scheren
★ Briefumschläge/ Plastiktüten

Vorbereitung

1 Wiederholen Sie das Alphabet (z.B. mitHilfe von Leselernkarten oder des *Alphabet songs*).

2 Besprechen Sie mit Ihren Schülern vorher die Namen verschiedener Häuser. Sie können dazu die Bilder auf der Kopiervorlage HO/02 oder Abbildungen in Zeitschriften benutzen. Fordern Sie einzelne Schüler auf, nach vorne zu kommen und ein Haus an die Tafel zu zeichnen. Danach kommt ein anderer Schüler an die Tafel und beschriftet es. Sie können daraus einen Mannschaftswettbewerb machen.

3 Zeigen Sie auf ein Wort an der Tafel und fordern Sie einen Ihrer Schüler auf, es zu buchstabieren, z.B. *That's F-L-A-T.*

So wirds gemacht

1 Geben Sie jedem Schüler eine Kopie der Seite HO/01 und fordern Sie sie auf, sie auf eine dünne Pappe zu kleben.

2 Erklären Sie ihnen, dass sie nun Häuserkarten für ein Alphabet-Puzzle basteln. Auf die linke Seite zeichnen sie jeweils ein Haus ihrer Wahl und malen es an. Auf die rechte Seite schreiben sie den Anfangsbuchstaben des jeweiligen Hauses (wenn sie, zum Beispiel, auf die linke Seite eine Burg gezeichnet haben (*castle*), schreiben sie auf die rechte Seite *C*). Jeder Schüler stellt 5 Karten her. Helfen Sie ihnen dabei, wenn nötig.

3 Nun schneiden die Schüler ihre 5 Alphabetkarten aus und stecken sie in einen Briefumschlag oder eine Plastiktüte.

4 Die Schüler tauschen ihre Karten untereinander aus und machen das Puzzle des anderen.

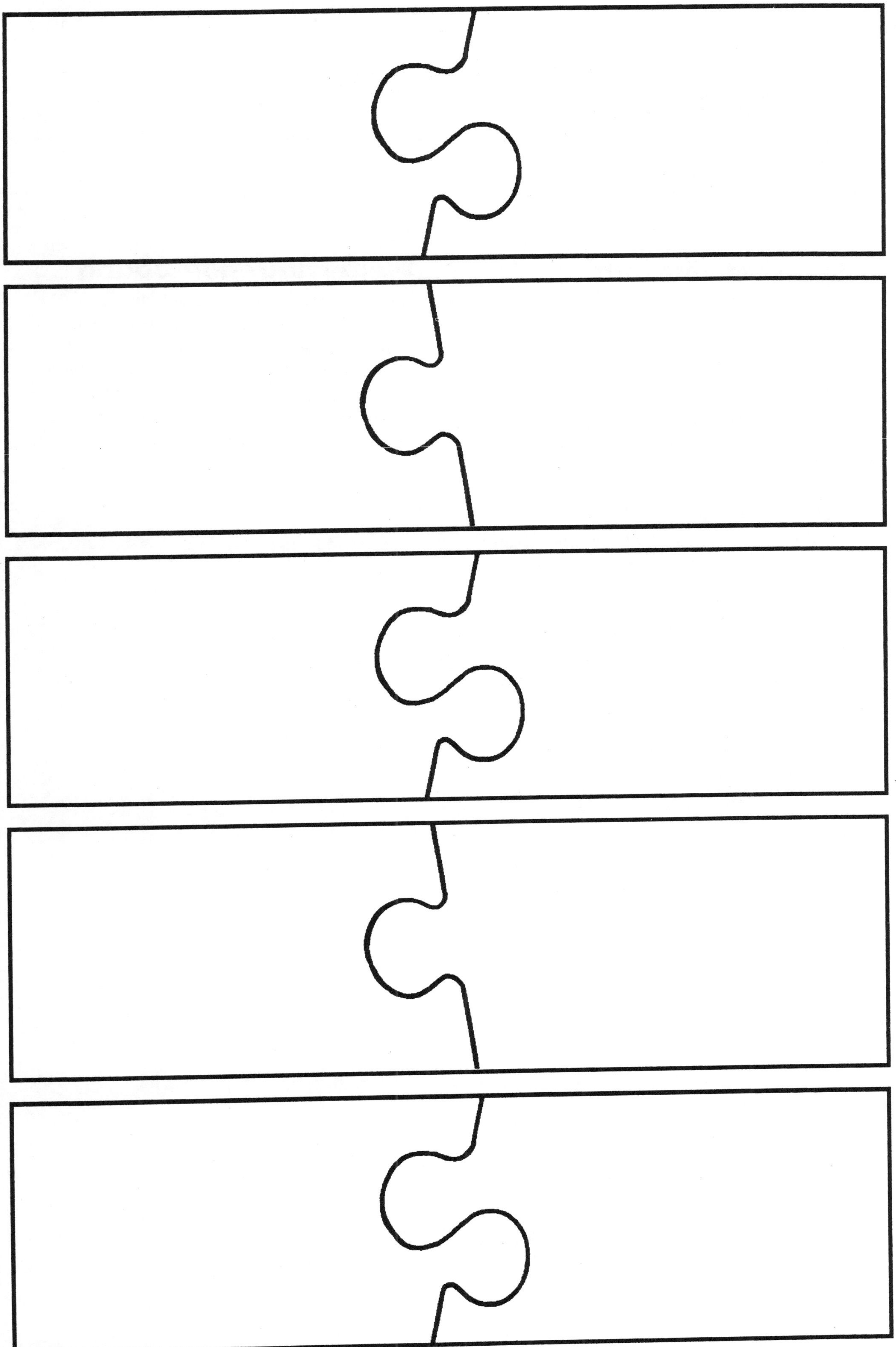

Mein Haus

Sprachstrukturen

★ *is/are*
★ *has/hasn't got*
★ Adjektive

Materialien

★ eine Kopie der Seite HO/02 pro Schüler

So wirds gemacht

1 Die Schüler zeichnen auf das Arbeitsblatt der Kopie HO/02 ein Bild des Hauses, in dem sie wohnen, und tragen dann die Informationen ein. (Dies könnte auch als Hausaufgabe gemacht werden.)

2 Die Schüler arbeiten zu zweit. Sie stellen einander abwechselnd Fragen (z.B. *Is your home a castle? Is your home big? Has it got a garden?*), die der andere dann beantwortet. Wenn nötig, geben Sie Ihren Schülern am Anfang einige Beispielfragen vor.

3 Die Schüler sollten sich die Antworten ihres Partners aufschreiben und dann die Sätze am unteren Rand des Arbeitsblattes vervollständigen.

Weiterführende Übung

Sie könnten in der Klasse eine Umfrage veranstalten, um herauszufinden, wie viele Schüler in einer Wohnung, einem Haus oder einem Bungalow wohnen. Schreiben Sie das Ergebnis an die Tafel und diskutieren Sie mit Ihrer Klasse, welche Art Häuser in ihrer Gegend am häufigsten sind (wenn nötig, in der Muttersprache).

Name .... Class ....

My Home

Draw a picture of your home →

1 Tick the correct boxes

a

 ☐
bungalow

 ☐
hotel

 ☐
cottage

 ☐
caravan

 ☐
flat

 ☐
tent

 ☐
church

 ☐
castle

 ☐
house

 ☐
cave

 ☐
villa

 ☐
mansion

b big ☐ small ☐ old ☐ new ☐ cold ☐ warm ☐ untidy ☐ tidy ☐

c

 ☐
a garden

 ☐
a garage

 ☐
a swimming pool

 ☐
a chimney

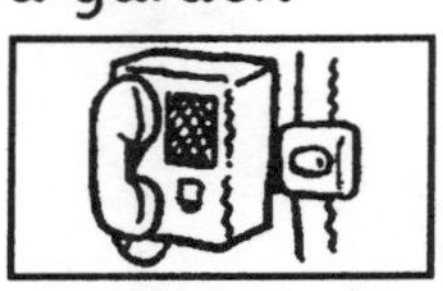 ☐
an entry phone

 ☐
windows

 ☐
a front door

 ☐
an attic

2 Ask and write about a friend

My friend's home is a ....

It's ....

It has got ....

Meine Heimatstadt

Sprachstrukturen

★ Präsens mit *live*
★ *has/hasn't got*
★ In der Stadt (z.B. *swimming pool, cinema, airport, park, library* usw.)

Materialien

★ eine Kopie der Seite HO/03 pro Schüler

So wirds gemacht

1 Die Schüler füllen zu zweit die Informationen auf dem Arbeitsblatt HO/03 aus.

2 Fordern Sie sie auf, den Partner zu wechseln und mit ihm ihre Antworten zu vergleichen.

3 Besprechen Sie die Antworten in der Klasse.

4 Regen Sie Ihre Schüler an, ein Foto ihrer Heimatstadt mitzubringen (oder eine Abbildung aus einem Prospekt für Touristen), um es auf ihr Arbeitsblatt zu kleben.

Weiterführende Übung

Anschließend könnten die Schüler in der Klasse darüber diskutieren, ob sie ihre Heimatstadt mögen, was sie noch gerne in ihrer Stadt hätten, was sie an ihrer Stadt verändern würden usw. Wenn Sie Ihren Schülern etwas über die Britische Kultur vermitteln möchten, könnten Sie sie dazu anregen, ihre Heimatstadt mit einer britischen Stadt zu vergleichen, z.B. mit der Stadt, die in ihrem Kursbuch vorgestellt wird, oder mit Städten, die sie eventuell während eines Urlaubs in Großbritannien besucht haben.

Name .... Class ....

Our Home Town

We live in a ....

It's called ....

Tick ✓ the places in your town. Cross ✗ the places not in your town.
Then write sentences below.

swimming pool

theatre

beach

airport

library

park

supermarket

railway station

cinema

church

restaurant

school

Our home town has got a ....

....

Our home town hasn't got a ....

....

This is a picture of
our home town.

Stick your picture or photo here

Mein Zimmer

Sprachstrukturen
★ Möbel
★ Präpositionen (z.B.: *next to, beside, between, on the left of, opposite*)
★ Informationen geben und verstehen

Materialien
★ eine Kopie der Scitc HO/04 für jedes Schülerpaar
★ ein Blatt Papier pro Schüler

So wirds gemacht
1 Schneiden Sie die Seite HO/04 in der Mitte durch und geben Sie einem Schüler den Grundriss von Zimmer A und dem anderen den Grundriss von Zimmer B. Die Schüler dürfen den Grundriss des anderen nicht sehen. Ermuntern Sie sie deshalb, ein Buch zwischen sich aufzustellen oder mit ihren Stühlen vom Tisch abzurücken. Geben Sie jedem Schüler außerdem ein leeres Blatt Papier.

2 Schüler A beschreibt Zimmer A (z.B. *The bed is next to the bookcase. The toy box is between the window and the train track*) und Schüler B versucht das Zimmer zu zeichnen. Ermutigen Sie Schüler B, Fragen zu stellen (z.B. *Where is the bookcase? Can you repeat that?*). Es ist möglich, dass Sie vorher die Vokabeln besprechen oder die Präpositionen üben müssen.

3 Wenn die Schüler fertig sind, tauschen sie die Rollen. Schüler B beschreibt Zimmer B und Schüler A versucht es zu zeichnen.

4 Am Ende vergleichen die Schüler ihre Zeichnungen mit den Grundrissen.

Weiterführende Übung
Ihre Schüler könnten nun ihre eigenen Zimmer zeichnen und dann darunter einige Sätze schreiben, z.B. *In my bedroom there is/are ..., The bookcase is next to the window.* Die Ergebnisse könnten im Klassenzimmer aufgehängt oder in den **Homes**-Heftern abgeheftet werden.

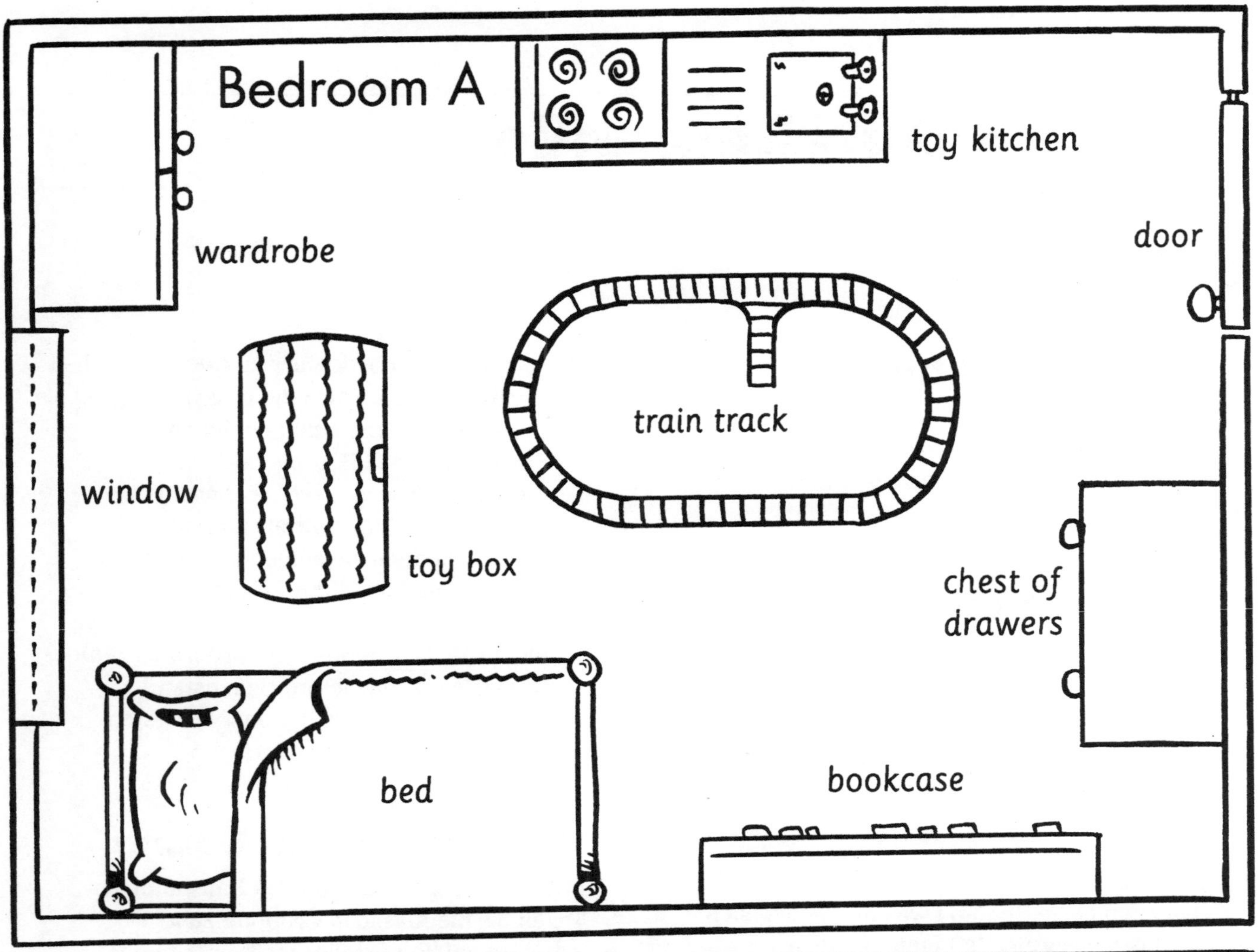
Bedroom A
toy kitchen
wardrobe
door
window
train track
toy box
chest of drawers
bed
bookcase

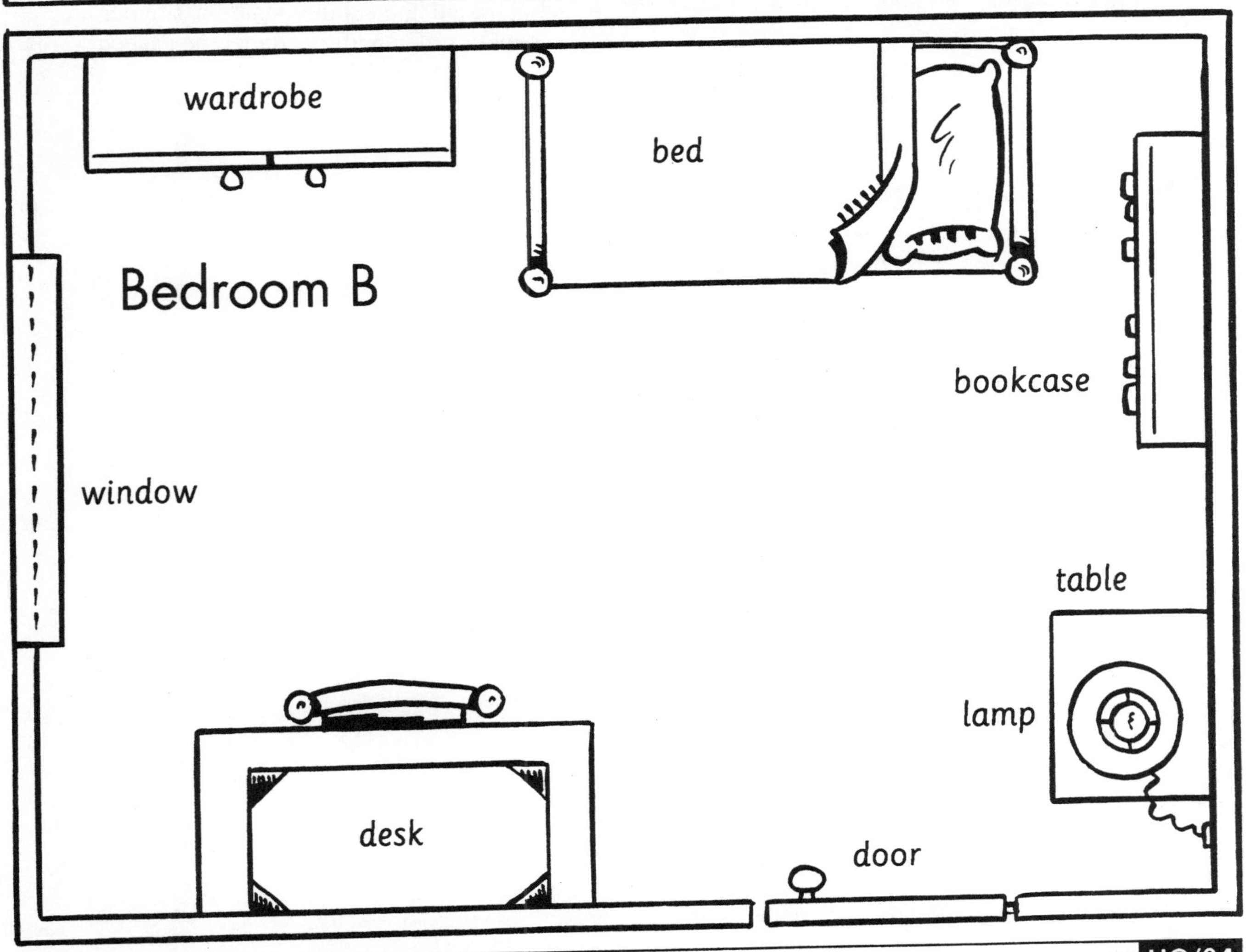
wardrobe
bed
Bedroom B
bookcase
window
table
lamp
desk
door

So ein Durcheinander!

Sprachstrukturen

★ Zimmer
★ Präpositionen (z.B. *on, under, in, next to*)
★ *Is it in the ...? Yes, it is/No, it isn't*
★ Farben

Materialien

★ eine Kopie der Seite HO/05 pro Schüler

Vorbereitung

1 Geben Sie jedem Schüler eine Kopie der Seite HO/05.

2 Fragen Sie sie, wie die verschiedenen Zimmer heißen und was für Sachen sich normalerweise in ihnen befinden.

3 Fordern Sie sie auf, die Sachen auf dem Bild zu beschriften, z.B. *sofa, bed.*

So wirds gemacht

1 Jeder Schüler zeichnet die Gegenstände, die sich am unteren Rand des Arbeitsblattes befinden, in eines der Zimmer hinein. (Als Alternative dazu könnten sie die Gegenstände ausschneiden und auf das Blatt kleben.) Dabei ist es wichtig, dass sich die Gegenstände nicht an ihrem gewöhnlichen Platz befinden (z.B. die Tasse sollte nicht in der Küche sein).

2 Nun arbeiten die Schüler zu zweit. Sie sollen herausfinden, wo sich die Gegenstände im Haus des anderen befinden, indem sie Fragen stellen (z.B. *Is the book in the kitchen? Is it in the bath? Is it under the bed?*). Haben sie mehr als 10 Fragen gestellt, können sie aufgeben und fragen *'Where's the book?'*. Sie können aus dieser Übung einen kleinen Wettbewerb machen, indem Sie Ihre Schüler auffordern zu zählen, wie viele Fragen sie pro Gegenstand brauchen. Derjenige mit den wenigsten Fragen hat gewonnen.

Weiterführende Übung

Ihre Schüler könnten nun das Haus anmalen. Teilen Sie die Klasse in Gruppen zu je 5 Schülern auf. Ein Schüler malt ein Zimmer an und diktiert den anderen dabei die Farben.

Name .... Class ....

Wo ist das Gespenst?

☺

Sprachstrukturen

★ Zimmer/Möbel
★ Imperativ
★ Wegbeschreibungen

Materialien

★ eine Kopie der Seite HO/06 pro Schüler

So wirds gemacht

1 Geben Sie jedem Schüler eine Kopie der Seite HO/06.

2 Erklären Sie ihnen, dass sie eine Geschichte von einem Gespenst hören werden und dass sie aufschreiben müssen, wo sich das Gespenst versteckt hat. Lesen Sie ihnen die folgende Geschichte vor oder sprechen Sie sie vorher auf eine Cassette und spielen Sie die Cassette im Unterricht.

> Mr and Mrs Funnybones have got a ghost in their house. Can you find it? Go in the front door. Turn left, open the door and go in. It isn't there. Go into the hall. Walk across the hall and go into the bedroom. It isn't there. Go into the hall again. Turn right and go into the room on the right. It isn't there. Go through into the kitchen. It isn't there. Go into the hall. Go through the door opposite the dining room. There it is. Wooooohhh! Where's it going? It's hiding behind the door!

3 Lesen Sie die Geschichte noch einmal vor, wenn nötig.

4 Fragen Sie Ihre Schüler, wo sich das Gespenst versteckt hat. (Lösung = im Schrank)

Weiterführende Übungen

1 Ihre Schüler könnten ein Haus für Mr und Mrs Funnybones Gespenst zeichnen. Die Zeichnungen könnten anschließend im Klassenzimmer aufgehängt werden.

2 Sollten Sie diese Übung gegen Ende Oktober machen, könnten Sie sie mit einer landeskundlichen Aktivität zum Thema „Hallowe'en“ verbinden. (In Großbritannien und den USA wird dieses Fest von Kindern gefeiert, indem sie sich als Gespenster, Skelette, Hexen usw.verkleiden und von Tür zu Tür ziehen. Dort stellen sie die Leute vor die Wahl: „trick or treat“.)

Name .... Class ....

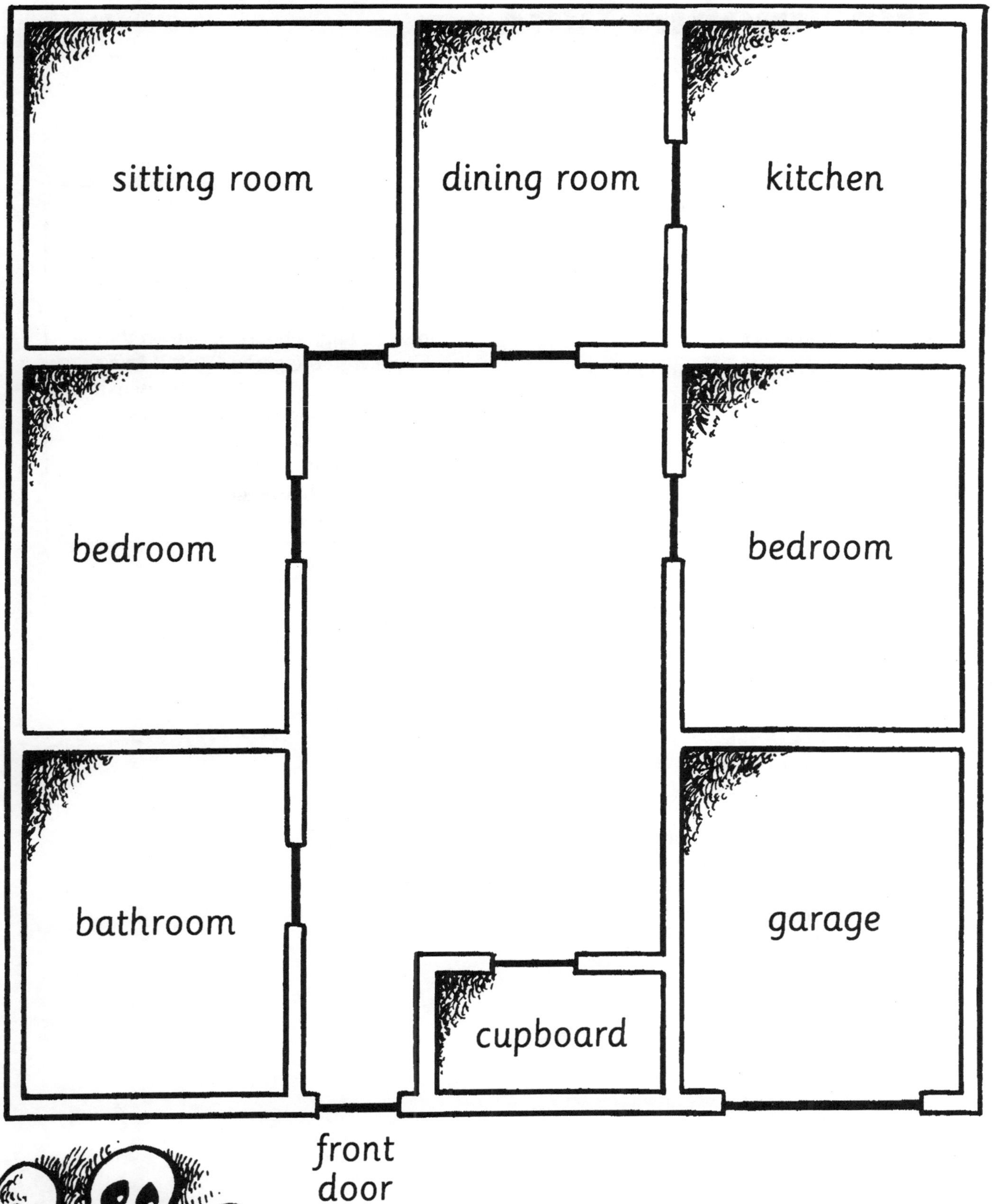

The ghost is in the ....

Wer wohnt wo?

Sprachstrukturen

★ Hörfertigkeit
★ *present simple* mit *lives* und *has got*

Materialien

★ eine Kopie der Seite HO/07 pro Schüler

So wirds gemacht

1 Geben Sie jedem Schüler eine Kopie der Seite HO/07.

2 Lesen Sie Ihren Schülern den folgenden Text vor (oder nehmen Sie ihn vorher auf Cassette auf und spielen Sie die Cassette im Unterricht). Ihre Schüler müssen eine Verbindungslinie zwischen dem Kind und den jeweiligen Gegenständen zeichnen, an denen man sein Haus erkennt.

3 Lesen Sie den Text so oft vor, wie Ihre Schüler es wünschen.

4 Ihre Schüler schreiben dann den Namen des Kindes unter das Haus, in dem es wohnt, und zeichnen die Gegenstände, die zu dem Haus gehören, in den Umriss hinein (z.B.: Haus Nr. 3 hat ein großes Fenster).

5 Ihre Schüler vergleichen ihre Ergebnisse zuerst untereinander, bevor Sie sie in der Klasse besprechen.

In our street there are four houses. Jack's house has got a big chimney. It is next to Anna's house. Her house hasn't got a round window, it's got one large window. The cat also lives next to Anna's house. It lives in the house with the garage. This is Sam's house. It is number 4. The house with the round window is not Molly's or Jack's. Her house has got a large gate. She lives next to Jack and she's got a dog. Anna's house has got a tree and it is between Jack's and Sam's houses.

Name .... Class ....

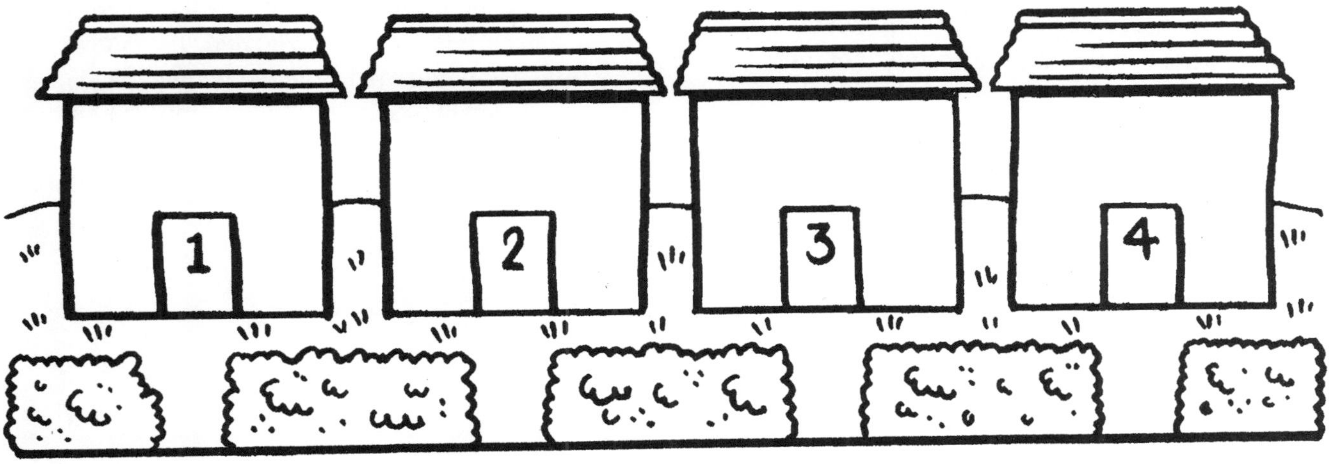

................................'s ....'s ....'s ....'s

house .... house .... house .... house ....

Mein Traumhaus

Sprachstrukturen

- ★ Adjektive
- ★ Farben
- ★ Zahlen
- ★ *it's got*
- ★ *there is/there are*
- ★ *would like*

Materialien

- ★ eine Kopie der Seite HO/08 pro Schüler
- ★ ein Würfel für jedes Schülerpaar
- ★ Papier
- ★ Bunt- oder Wachsmalstifte

So wirds gemacht

1 Geben Sie jedem Schüler eine Kopie der Seite HO/08. Ihre Schüler lesen dann die Geschichte und wenn sie zu den Buchstaben A-F kommen, würfeln sie und tragen das entsprechende Wort in die Lücke ein. Sie können das in Einzelarbeit oder zu zweit machen.

2 Nachdem sie damit fertig sind, arbeiten sie in Paaren. Ein Schüler liest dem anderen die Beschreibung seines Traumhauses vor, während der andere es zeichnet, und umgekehrt.

3 Diese Zeichnungen können dann betitelt und im Klassenzimmer aufgehängt werden (z.B. *Anna's ideal home*). Die Beschreibungen können darunter angebracht werden.

Weiterführende Übungen

1 Ihre Schüler könnten nun folgendes Schreibspiel spielen: Jeder Schüler bekommt ein Blatt Papier. Fordern Sie sie auf, den Namen einer berühmten Persönlichkeit + *ideal home is* darauf zu schreiben (z.B. *Superman's ideal home is*). Dann falten sie das Papier so, dass man diese Zeile nicht lesen kann. Sie geben das gefaltete Blatt dem Schüler zu ihrer Rechten, der ein Adjektiv + eine Häuserart dazuschreibt (z.B. *a square tent*), das Blatt wieder faltet und an den nächsten Schüler weiterreicht. Dieser Schüler schreibt *Its walls are* + eine Farbe, faltet es und reicht es weiter. Sie können so viele Sätze mit *it's got* und *there is/there are* von Ihren Schülern dazuschreiben lassen, wie Sie möchten. Am Ende lesen die Schüler die Beschreibungen der Traumhäuser vor. Ermuntern Sie sie, so lustig wie möglich zu schreiben.

2 An diese Übung lässt sich eine Klassendiskussion zum Thema *„My ideal home"* anschließen. Ermutigen Sie Ihre Schüler, die Struktur *I'd like* zu benutzen, wenn sie darüber sprechen, was sie gerne hätten, z.B. *I'd like a villa near the beach. I'd like a tennis court in the garden*. Sie könnten Ihre Schüler auch auffordern, ihr Traumhaus zu zeichnen und anzumalen und das Blatt in ihren Homes-Hefter abzuheften.

Name .... Class ....

My ideal home is a (A) ....

(B) .... Its walls are (C) ....

and the door is (D) ....

It has got (E) .... windows and

there's a (F) .... in the garden.

	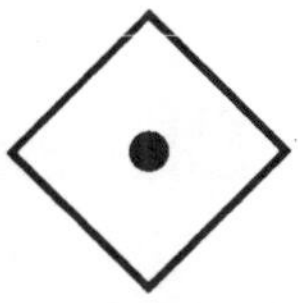					
A	 tidy	 big	 haunted	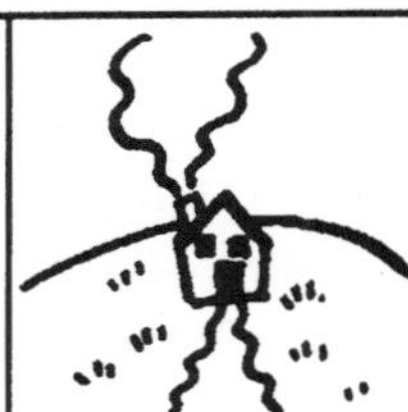 little	 modern	 beautiful
B	 castle	 caravan	 bungalow	 flat	 cave	 palace
C	yellow	pink	green	orange	black	grey
D	red	white	brown	purple	silver	blue
E	two	three	four	six	eight	ten
F	 dinosaur	 boat	 tennis court	 clown	 lion	 bed

Bens Heimweg

☺ ☺☺

Sprachstrukturen

★ In der Stadt
★ Komparativ/Superlativ
★ Wegbeschreibungen

Materialien

★ eine Kopie der Seite HO/09 pro Schüler
★ Buntstifte oder farbige Kugelschreiber

So wirds gemacht

1 Geben Sie jedem Schüler eine Kopie der Seite HO/09.

2 Fordern Sie Ihre Schüler auf, in unterschiedlichen Farben Bens kürzesten und längsten Heimweg mit einer Linie auf dem Blatt zu markieren.

3 Jeweils zwei Schüler vergleichen ihre Antworten miteinander. Dann werden die richtigen Antworten in der Klasse besprochen.

Lösungen
Shortest walk = along Green Street, then straight up Main Street.
Longest walk = along Green Street, up Church Street and along Station Road.

4 Sie können daran weitere Übungen zum Superlativ anschließen, indem Sie Ihre Schüler auffordern, zum Beispiel in Grün eine Linie für Bens interessantesten Heimweg und in Schwarz eine Linie für seinen langweiligsten in ihre Karte einzuzeichnen usw.

5 Um den Komparativ zu üben, zeichnen Sie die Karte an die Tafel und markieren darauf in unterschiedlichen Farben die verschiedenen Wege, die von Bens Haus zur Badeanstalt führen. Ihre Schüler formulieren dann zu zweit Sätze, z.B. *The blue route is shorter than the red route. The red route is quicker than the green route.*

Weiterführende Übungen

1 Fordern Sie Ihre Schüler auf, Teil B ihres Arbeitsblattes auszufüllen, indem sie die Orte, an denen Ben auf seinem Heimweg vorbeikommt, eintragen. Anschließend können sie aufschreiben, woran sie auf ihrem Heimweg von der Schule vorbeikommen, und dazu eine Karte zeichnen.

2 Sie können die Karte auch dazu benutzen, Wegbeschreibungen zu üben. Zu zweit können ihre Schüler abwechselnd eine Route beschreiben, die Ben von seinem Haus aus geht (z.B. *First walk along Green Street, take the second turn on the left, walk across King's Road, it's on your left*). Der andere muss dann jeweils erraten, wohin Ben geht (z.B. *Is it the hospital?*).

Name .... Class ....

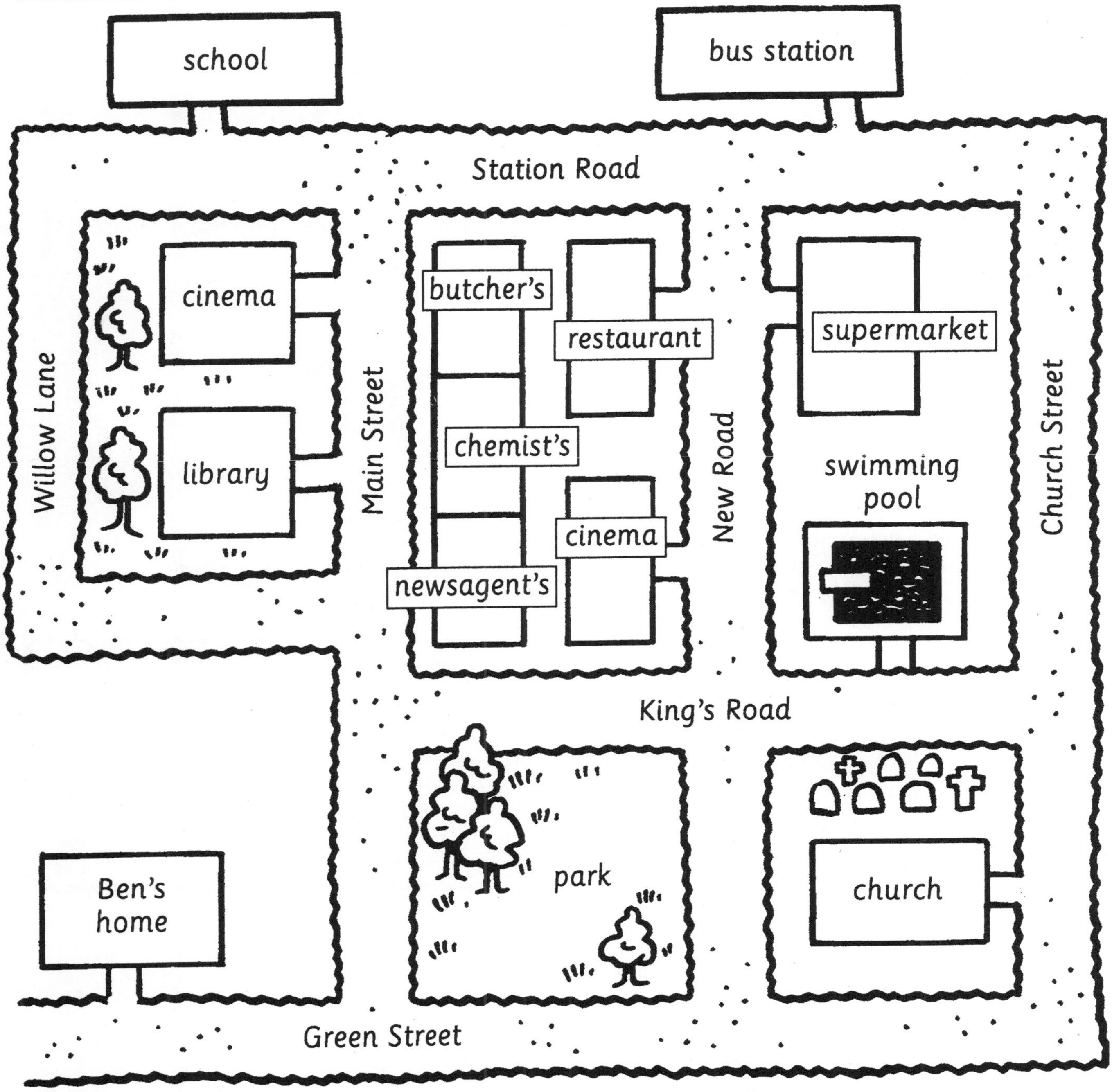

A What's Ben's shortest walk home *from* school? Draw a red line.
What's Ben's longest walk home? Draw a blue line.

B Which places does Ben pass on his shortest walk home?

....

....

Which places does Ben pass on his longest walk home?

....

....

Zu Hause

Sprachstrukturen

★ *simple present*
★ Hobbys

Materialien

★ eine Kopie der Seite HO/10 pro Schüler

Vorbereitung

1 Fragen Sie Ihre Schüler, was sie machen, wenn sie von der Schule nach Hause kommen. Schreiben Sie die Antworten an die Tafel.

2 Geben Sie jedem Schüler eine Kopie der Seite HO/10. Fordern Sie sie auf, in die linke Spalte Namen von 8 Klassenkameraden zu schreiben und dann in die 2 leeren Kästen am oberen Rand des Arbeitsblattes 2 weitere Hobbys (sie sollten in der Klasse beliebt sein).

So wirds gemacht

1 Die Schüler gehen nun in der Klasse herum und fragen ihre 8 Klassenkameraden *What do you usually do when you get home from school?* Sie kreuzen die entsprechenden Aktivitäten in ihrer Tabelle an.

2 Die gesammelten Informationen werden dann von den Schülern zusammengetragen und auf einem Stück Papier in Form eines Kreisdiagramms, einer Tabelle oder eines Schaubildes präsentiert (siehe Bild 1).

3 Hängen Sie die grafische Darstellung an einer Wand im Klassenzimmer auf und lassen Sie Ihre Schüler dort hingehen, damit sie sie lesen können.

Bild 1

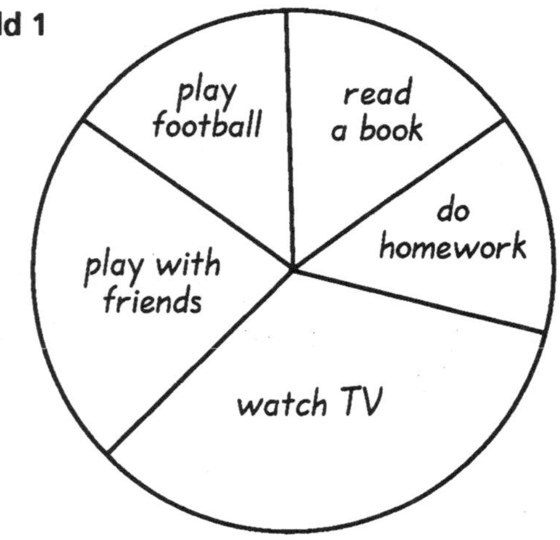

do homework	I	1
read a book	I	1
play football	I	1
play with friends	I I	2
watch TV	I I I	3

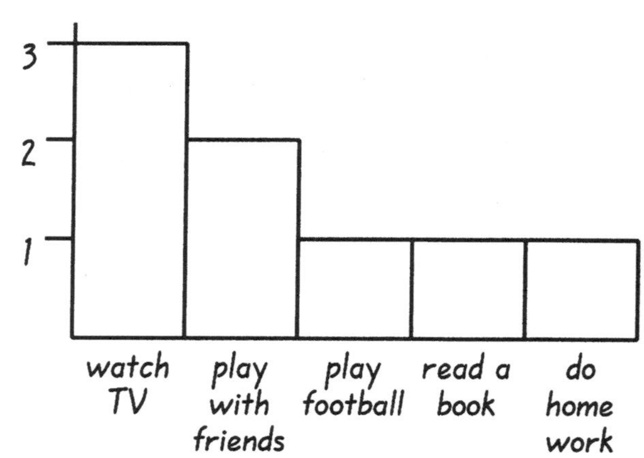

Name .... Class ....

NAMES / HOBBIES	 watch TV	 play football	 play with friends	 do homework	 read a book	 play computer games		

Zelten gehen

☺☺

Sprachstrukturen

★ *simple present*
★ Geschichten erzählen

Materialien

★ eine Kopie der Seite HO/11 für jedes Schülerpaar
★ Scheren

Vorbereitung

1 Schneiden Sie die Fotokopien der Seite HO/11 in der Mitte durch.

2 Schneiden Sie dann die Bilder und Sätze aus oder lassen Sie das Ihre Schüler machen.

So wirds gemacht

1 Teilen Sie die Klasse in Paare auf. Geben Sie jedem Paar einen Satz Bilder und Sätze. In Einzelarbeit versuchen die Schüler dann die Bilder den Sätzen zuzuordnen, ohne zu gucken, was der andere macht.

2 Danach arbeiten die Paare zusammen, um zu überprüfen, welches Bild zu welchem Satz passt.

3 Besprechen Sie die Antworten in der Klasse.

4 Zusätzlich könnten Ihre Schüler die Bilder anmalen und in der richtigen zeitlichen Abfolge auf ein größeres Stück Papier kleben. Sie könnten die entsprechenden Sätze entweder darunter schreiben oder darunter kleben.

Lösungen
Sätze: 6 2 4 7 5 1 3
Bilder: e d a g c f b

Variante

Sie könnten auch jedem Schülerpaar einen Satz Bilder und Sätze geben und sie auffordern, gleich zusammenzuarbeiten. Zuerst müssen sie die Bilder den entsprechenden Sätzen zuordnen und sie dann in die richtige zeitliche Abfolge bringen.

1 They run into the house.	a 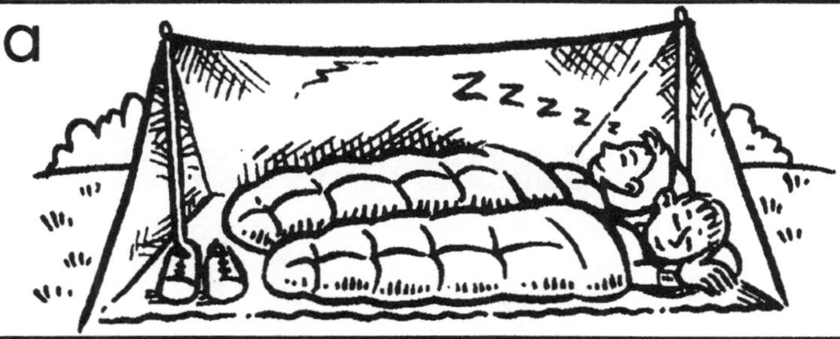
2 Phil and Marie put up a tent in the garden.	b 
3 'Home sweet home,' they say.	c 
4 Then they go to sleep in it.	d 
5 Phil and Marie wake up.	e 
6 It is a sunny evening.	f 
7 It starts to rain.	g 

Das Inselparadies

☺☺☺

Für diese Arbeitsidee gibt es zwei Übungen (Das Inselparadies/ Auf unserer Insel), die beide als Gruppenarbeit konzipiert sind. Die erste ist wesentlich einfacher und kann mit Anfängern gemacht werden; die zweite beinhaltet eine Gruppendiskussion und kann als weiterführende Übung an die erste angeschlossen oder mit fortgeschrittenen Lernern gemacht werden.

Sprachstrukturen

★ *simple present*
★ *there is/are*
★ Lesefertigkeit

Materialien

★ eine Kopie der Seite HO/12 für jede Gruppe
★ eine Kopie der Seite HO/13 für jede Gruppe
★ Scheren

Vorbereitung

1 Um die Übung vorzubereiten, lesen Sie der Klasse die folgende Geschichte vor.

> You are on a boat going to Australia. You are in the middle of the ocean. Suddenly there are big, black clouds in the sky. It starts to rain. It is very, very windy. The waves rock your boat and water comes into it. Suddenly, you see an island. You jump out of the boat and swim to this island.

2 Regen Sie Ihre Schüler an, Vermutungen darüber anzustellen, was man auf der Insel alles finden kann.

So wirds gemacht

1 Teilen Sie die Klasse in Gruppen zu 3 oder 4 Schülern auf. Geben Sie jeder eine Kopie der Inselkarte HO/12 und der Spielkarten HO/13. Die Schüler schneiden die Anleitungskarten (z.B. *You find treasure in ...*) und die Positionskarten (z.B.: *A1*) aus und legen sie dann in zwei Stapeln verdeckt auf den Tisch. (Vielleicht möchten Sie die Karten vorher lieber selber präparieren.) Erklären Sie Ihren Schüler, dass sie nun herausfinden werden, was es auf der Insel alles gibt.

2 In jeder Gruppe nehmen die Schüler abwechselnd eine Anleitungs- und eine Positionskarte auf und lesen den anderen vor, was darauf steht (z.B. *There's a palm tree in B2*).

3 Der Schüler zur Rechten des Lesenden zeichnet den Gegenstand in das entsprechende Feld auf der Karte ein, nimmt dann zwei Karten auf und liest den anderen deren Inhalt vor. Woraufhin der Nächste im Uhrzeigersinn den Gegenstand zeichnet usw.

4 Die Schüler fahren so fort, bis sämtliche 10 Gegenstände in die Karte eingezeichnet worden sind.

5 Nun arbeiten zwei Gruppen zusammen. Sie fragen einander, wo sich was auf ihrer Insel befindet.

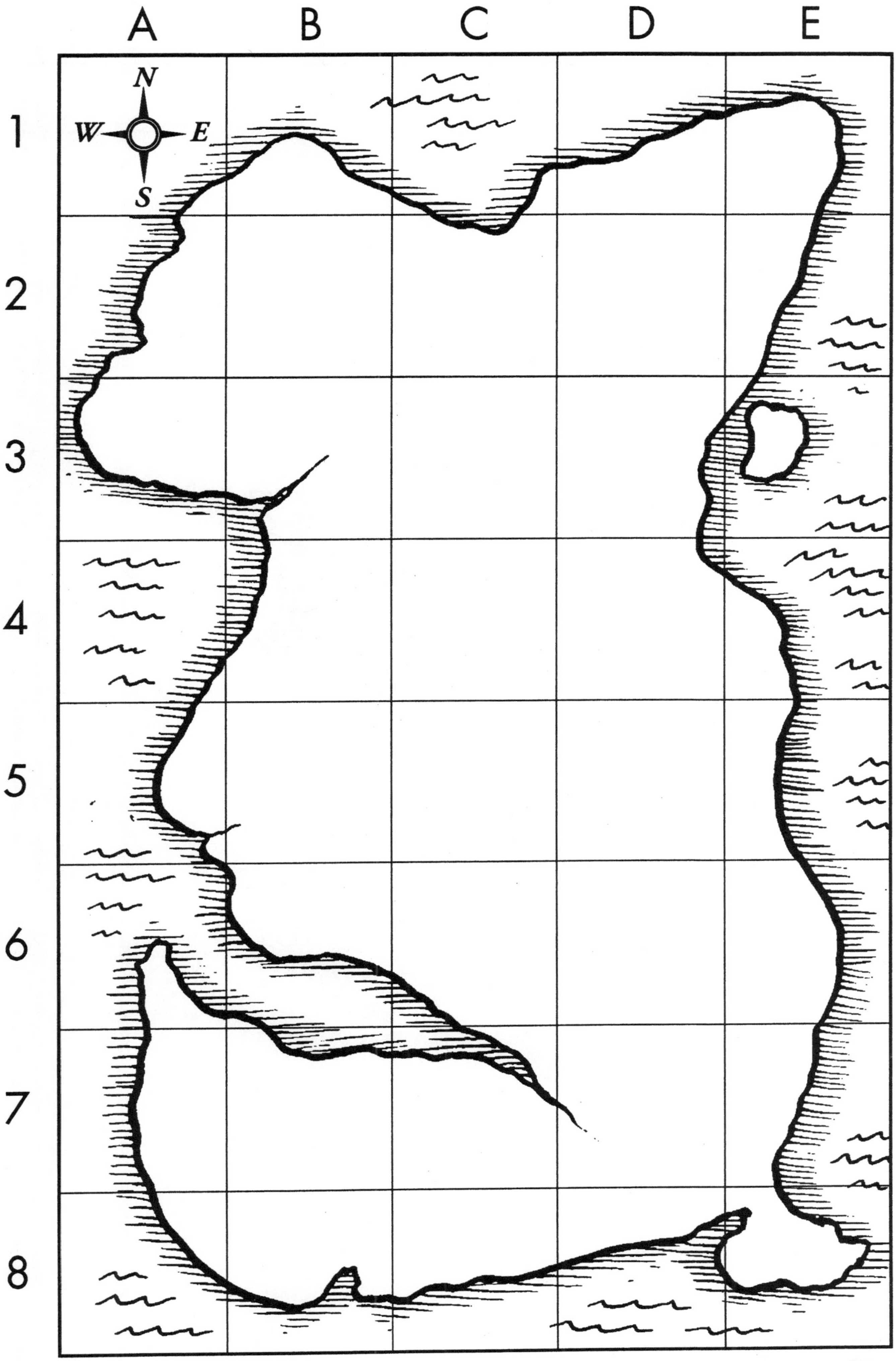
A
B
C
D
E
1
2
3
4
5
6
7
8
N
W
E
S

Das Inselparadies

 There's a palm tree in ...	 There are volcanoes in ...	 There's a lion in ...	 There are parrots in ...	 You find treasure in ...
 You see a lake in ...	 You meet a pirate in ...	 You meet a bear in ...	 You see a monkey in ...	 You find a skull in ...

A1	A2	A3	A4	A5	A6	A7	A8
B1	B2	B3	B4	B5	B6	B7	B8
C1	C2	C3	C4	C5	C6	C7	C8
D1	D2	D3	D4	D5	D6	D7	D8
E1	E2	E3	E4	E5	E6	E7	E8

Auf unserer Insel

☺☺☺

Sprachstrukturen

★ *there is/are*
★ *has got*
★ *present simple*
★ Gruppendiskussion/Schreibfertigkeit

Materialien

★ eine Kopie der Seite HO/12 für jede Gruppe (sie können die Kopien der vorherigen Übung benutzen)
★ eine Kopie der Seite HO/14 pro Schüler
★ ein Blatt Papier pro Schüler

So wirds gemacht

1 Geben Sie jedem Schüler eine Kopie der Seite HO/12 und teilen Sie die Klasse in Gruppen auf. Vergewissern Sie sich, dass jede Gruppe eine Kopie der Inselkarte HO/12 hat. (Wenn Sie mit Ihrer Klasse die Übung zu HO/12 & HO/13 gemacht haben, können Sie sie in dieselben Gruppen mit denselben Karten einteilen.)

2 Fordern Sie sie auf, Teil A zusammen zu machen und ihre Antworten in Stichworten aufzuschreiben. Besprechen Sie zuerst die schwierigeren Fragen in der Klasse und gehen Sie dann in der Klasse herum, um Ihren Schülern weiterzuhelfen, wenn nötig. Erinnern Sie Ihre Schüler daran, dass sie die Fragen diskutieren und sich auf eine gemeinsame englische Antwort einigen müssen.

3 Fordern Sie die Gruppen auf, jeweils 4 Fragen für eine andere Gruppe vorzubereiten, z.B. *What's the name of your island? What animals are there on it? What can you do on it?*

4 Nun stellt eine Gruppe einer anderen ihre Fragen und umgekehrt. (Als Alternative dazu kann jeweils ein Schüler aus einer Gruppe mit einem aus einer anderen zusammenarbeiten.)

5 Schließlich füllen die Schüler Teil B auf ihren Arbeitsblättern aus, indem sie ihre Insel mit wenigen Worten beschreiben. Sie könnten außerdem die Karte anmalen und sie dann in der Klasse aufhängen.

Weiterführende Übung

Zum Abschluss könnten Sie in der Klasse darüber diskutieren (wenn nötig, in der Muttersprache), warum die Gruppen bestimmte Gegenstände von ihrem Boot mit auf die Insel genommen haben und andere nicht, und warum sie die Gegenstände, über die sie in Nummer 6 geschrieben haben, auf ihrer Insel haben möchten.

Name .... Class ....

A

1 Choose a name for your island.

....

2 Draw a river, mountain and forest on your map.

3 You find 3 things to eat on your island. What are they?

....

....

4 You find 4 different animals on your island. What are they?

....

....

5 You rescue 4 things from your boat. What are they?

....

....

6 Name 4 other things you need on your island home.

....

....

B

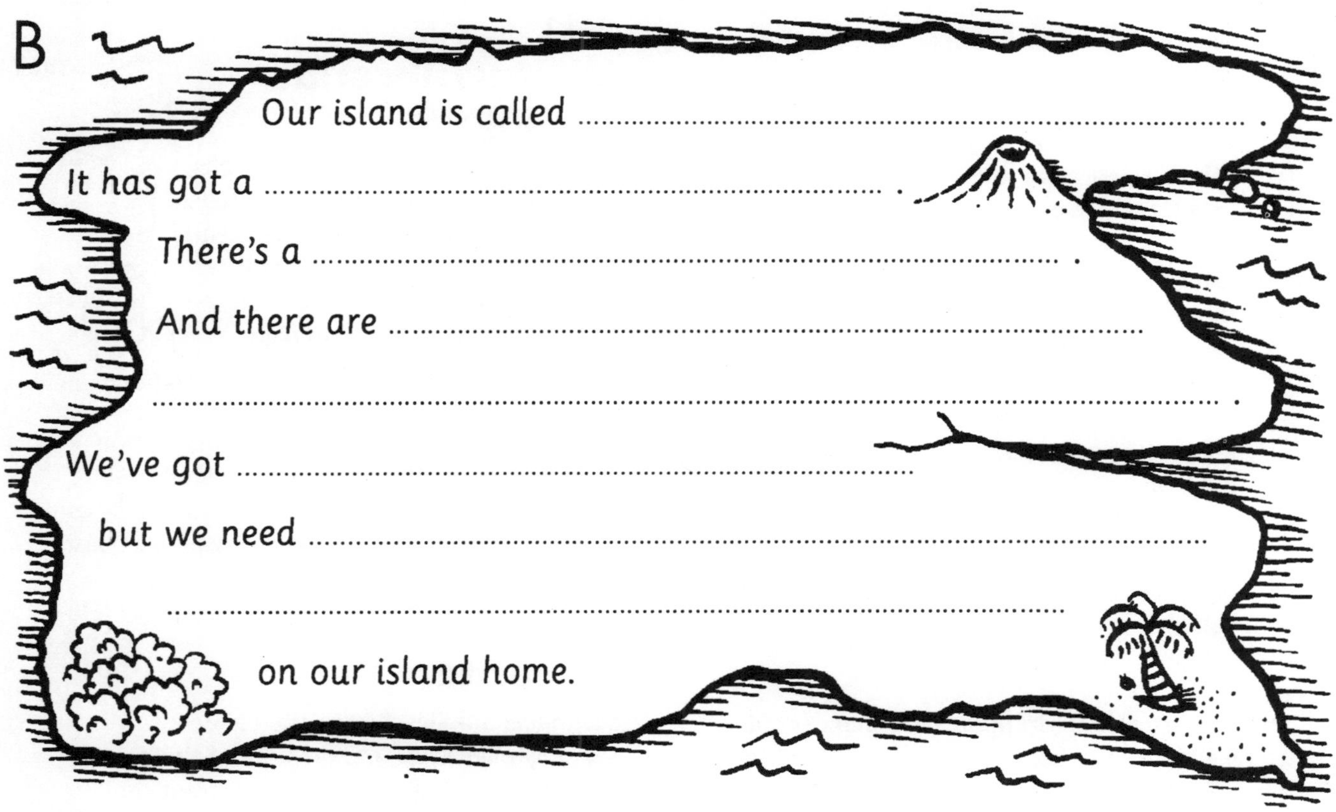

Our island is called ....

It has got a ....

There's a ....

And there are ....

....

We've got ....

but we need ....

....

on our island home.

Die drei kleinen Schweine

Sprachstrukturen

- ★ Präsens
- ★ *made of* + Materialien
- ★ Geschichten erzählen

Materialien

- ★ eine Kopie der Seite HO/15 für jede Gruppe
- ★ Bunt- oder Wachsmalstifte
- ★ Scheren
- ★ 7 Lolly-Stiele für jede Gruppe
- ★ Klebeband

So wirds gemacht

1 Geben Sie Ihren Schülern alle schwierigen Vokabeln vor und lesen Sie ihnen dann die Geschichte *The Three Little Pigs* vor. Zeichnen Sie während des Lesens Bilder an die Tafel (siehe Bild 1).

2 Lesen Sie die Geschichte noch einmal vor und fordern Sie diesmal Ihre Schüler auf, mitzusprechen, wenn sie wissen, welche Worte als Nächstes kommen.

3 Teilen Sie die Klasse in Gruppen zu 4 Schülern auf. Geben sie jeder Gruppe eine Kopie der Seite HO/15. Die Schüler jeder Gruppe legen untereinander fest, wer das erste, zweite, dritte Schwein und wer der Wolf ist. Beachten Sie, dass jedes Schwein sein entsprechendes „Stiel"-Häuschen basteln muss.

4 Die Schüler schneiden ihre jeweilige Figur aus und malen sie an. Dann bringen sie mit Klebeband einen Stiel an der Rückseite der Figur an.

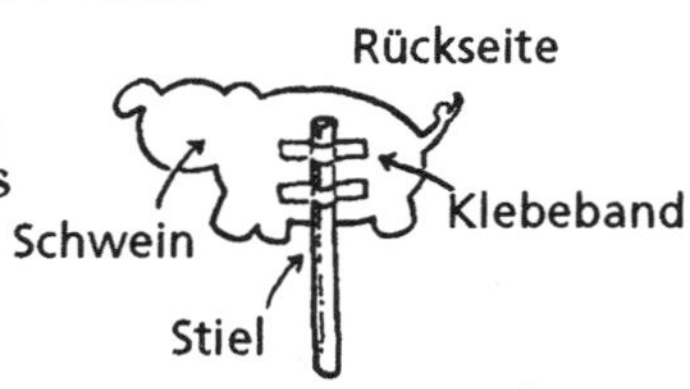

5 Jede Gruppe übt nun das Erzählen der Geschichte mitHilfe ihrer Figuren ein. Helfen Sie einzelnen Schülern dabei, wenn nötig.

6 Fordern Sie die Gruppen nacheinander auf, nach vorne zu kommen und ihre Geschichten vorzuführen.

This is the story of three little pigs.  The first pig's house is made of straw.  The second pig's house is made of wood.  The third pig's house is made of bricks.  One day the big, bad wolf is very hungry.  He goes to the first pig's house and says, 'I'll huff and I'll puff and I'll blow your house down.'  The pig runs to his brother's house. The wolf goes to the second pig's house and says 'I'll huff and I'll puff and I'll blow your house down.'  The two pigs run to their brother's house. The wolf goes to the third pig's house and says, 'I'll huff and I'll puff and I'll blow your house down.' But he can't blow it down.  He climbs onto the roof and down the chimney.  He falls into the fire, then runs far away.  The three pigs live happily ever after.

Bild 1

Weiterführende Übungen

1 Die Gruppen könnten nun jeweils ein Buch zur Geschichte herstellen. Jeder Schüler zeichnet eine Szene und schreibt einen Satz dazu. Dann bringen sie die Szenen in die richtige zeitliche Abfolge und heften sie zusammen.

2 An diese Übung lässt sich eine Diskussion über die Eigenschaften von Häusern anschließen. Fragen Sie Ihre Schüler: *Why can the wolf blow down the straw and wood houses but not the brick house? Which material is stronger? What are your houses made of? Why?*

Variante

Sie können die Geschichte auch in der Vergangenheit erzählen, wenn Ihre Schüler mit den unregelmäßigen Endungen vertraut sind.

TRANSPORT

Die Übungen zu diesem Thema reichen von einfachen Kartenspielen (Vokabelarbeit) zu dem Erzählen von Geschichten (in der Vergangenheit). Sie können in der hier abgedruckten Reihenfolge bearbeitet werden, eignen sich aber auch zur selbstständigen Wiederholungsübung bestimmter Vokabeln oder Strukturen, die Sie jederzeit spontan in Ihrem Unterricht einsetzen können.

Verkehrsmittel-Karten

Sprachstrukturen

★ Verkehrsmittel

Materialien

★ eine Kopie der Seiten TR/01 und TR/02 pro Schüler
★ Pappe
★ Klebstoff
★ Scheren
★ Bunt- oder Wachsmalstifte

Vorbereitung

1 Die Schüler kleben ihre Kopien der Seiten TR/01 und TR/02 auf Pappe und malen sie an. Sie können ihnen die Farben auch diktieren, z.B. *Colour the train blue.*

2 Die Schüler schneiden dann die Karten aus und sortieren sie in 2 Stapel: Wort- und Bildkarten

So wirds gemacht

Die Schüler arbeiten nun in Paaren. Sie können verschiedene Kartenspiele machen.

1 Matching: Schüler 1 hält eine Wortkarte hoch und Schüler 2 hält die entsprechende Bildkarte hoch. Für jede richtige Zuordnung gibt es einen Punkt. Schüler 1 macht so lange weiter, bis alle seine Wortkarten verbraucht sind. Dann tauschen die Schüler die Rollen. Schüler 2 hält nun seine Wortkarten hoch und Schüler 1 ordnet ihnen die entsprechenden Bildkarten zu. Der Schüler mit den meisten Punkten hat gewonnen.

2 Snap: Die Bild- und Wortkarten werden in 2 Stapeln nebeneinander, verdeckt auf den Tisch gelegt (die Schüler können ihre Karten vorher gemeinsam sortieren). Schüler 1 dreht nun jeweils eine Bild- und Wortkarte um. Wenn die Karten zusammenpassen, bekommt der erste Schüler, der den Namen des Verkehrsmittels laut ausruft, z.B. *helicopter*, die Karten. Wenn die Karten nicht zusammenpassen, dreht Schüler 2 zwei weitere Karten um, usw. Der Schüler, der am Ende die meisten Karten hat, hat gewonnen.

3 Memory: Jeder Schüler mischt seine Bildkarten und legt sie verdeckt vor sich auf dem Tisch aus. Schüler 1 dreht dann zwei Karten um und sagt z.B. *a train and a bike*. Wenn auf den Karten dasselbe Verkehrsmittel dargestellt ist, kann er die Karten behalten und ist noch einmal dran. Wenn nicht, ist Schüler 2 an der Reihe. Gewinner ist, wer am Ende die meisten Karten hat. Als Alternative dazu können die Schüler auch die Wortkarten benutzen.

Weiterführende Übung

Fragen Sie Ihre Schüler, was für Verkehrsmittel sie noch kennen (siehe unten stehende Liste), und schreiben Sie deren Namen an die Tafel. Die Schüler können dann weitere Karten für ihren Satz anfertigen.

Weitere Verkehrsmittel

hot-air balloon	yacht	boat
caravan	coach	hovercraft
tram	pram	police car
tractor	space ship	motor bike
truck	minibus	submarine

Verkehrsmittel-Karten

van	bus
train	plane
lorry	car
ambulance	fire engine
helicopter	horse
bike	ship

Ein Fahrzeug-Bild

☺☺☺

Sprachstrukturen

★ Verkehrsmittel nach Kategorien ordnen
★ *has/have got*
★ *goes+ on land/sea, in the air*

Materialien

★ eine Kopie der Seite TR/03 pro Schüler
★ ein großes Blatt Papier für jede Gruppe
★ Bilder von Verkehrsmitteln (aus Zeitungen, Zeitschriften, Comicheften)
★ Klebstoff

Vorbereitung

Fordern Sie Ihre Schüler in der vorhergehenden Stunde auf, zur nächsten Englischstunde Bilder von Verkehrsmitteln (aus Zeitungen, usw.) mitzubringen.

So wirds gemacht

1 Teilen Sie die Klasse in Gruppen zu 3 oder 4 Schülern auf und verteilen Sie die Kopien der Seite TR/03.

2 Die Schüler vervollständigen gemeinsam die Informationen auf dem Arbeitsblatt.

3 Besprechen Sie die Antworten in der Klasse.

4 Fordern Sie die Gruppen auf, ihre mitgebrachten Bilder hervorzuholen und sie nach einer bestimmten Kategorie zu ordnen, z.B. danach, wie viele Räder die Fahrzeuge haben, ob sie Land-Wasser oder Luftfahrzeuge sind, usw.

5 Die Schüler stellen nun eine Collage her, indem sie ihre ausgewählten Bilder auf das großes Blatt Papier kleben.

6 Zum Schluss geben sie ihrer Collage eine Überschrift, z.B. *They've got 4 wheels* oder *They go on the sea* oder *They haven't got any wheels.*

7 Hängen Sie die Collagen auf und lassen Sie Ihre Schüler im Klassenzimmer herumgehen, damit sie die Collagen der anderen Gruppen anschauen können.

Name .... Class ....

1 How many wheels has a bus got? ....

2 How many wheels has a motorbike got? ....

3 Circle 2 things beginning with b.

4 Circle 2 things beginning with t.

5 Name 2 things which go on land.

....

6 Name 2 things which go on the sea.

....

7 Name 2 things which go in the air.

....

Unterwegs

Sprachstrukturen

★ *Have you been on/in a ...?*
Yes, I have./No, I haven't.
★ Zahlen

Materialien

★ eine Kopie der Seite TR/04 pro Schüler

So wirds gemacht

1 Geben Sie jedem Schüler eine Kopie der Seite TR/04.

2 Üben Sie die Strukturen zuerst ein, indem Sie einzelnen Schülern Fragen stellen, z.B. *Have you been on a ship?*

3 Die Schüler gehen in der Klasse herum und stellen 6 Kassenkameraden ihre Fragen. Wenn derjenige mit *Yes, I have* antwortet, machen sie in das entsprechende Kästchen ein Häkchen; wenn derjenige mit *No, I haven't* antwortet, machen sie ein Kreuz (siehe Bild 1).

4 Jeder Schüler zählt die positiven Antworten für jedes Verkehrsmittel zusammen (siehe Bild 1).

5 Fordern Sie Ihre Schüler auf, die Ergebnisse ihrer Umfrage in die Tabelle einzutragen (siehe Bild 2). Diese Tabellen können Sie entweder im Klassenzimmer aufhängen oder die Schüler können sie in ihre **Transport**-Hefter abheften.

6 Fragen Sie Ihre Schüler zum Schluss, welches Verkehrsmittel am beliebtesten ist.

Transport	Have you been ... ?	Total
plane	✓ ✗ ✗ ✗ ✓ ✓	3
bus	✓ ✓ ✓ ✓ ✓ ✓	6
train	✓ ✓ ✗ ✗ ✓ ✓	4
ship	✗ ✗ ✓ ✗ ✓ ✗	2

Bild 1

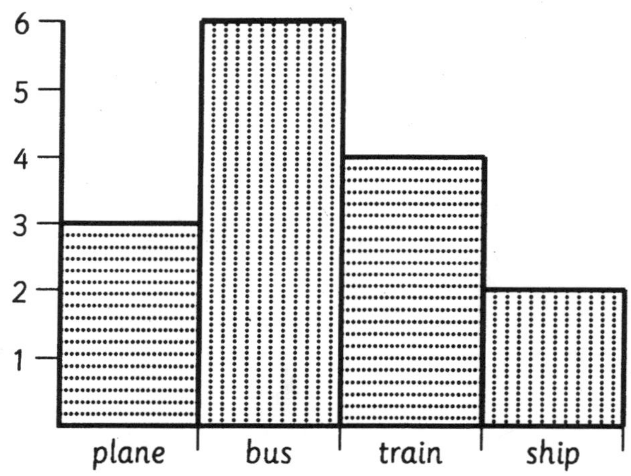

Bild 2

Name .... Class ....

A

Transport	Have you been ... ?	Total
plane		
bus		
train		
ship		

B

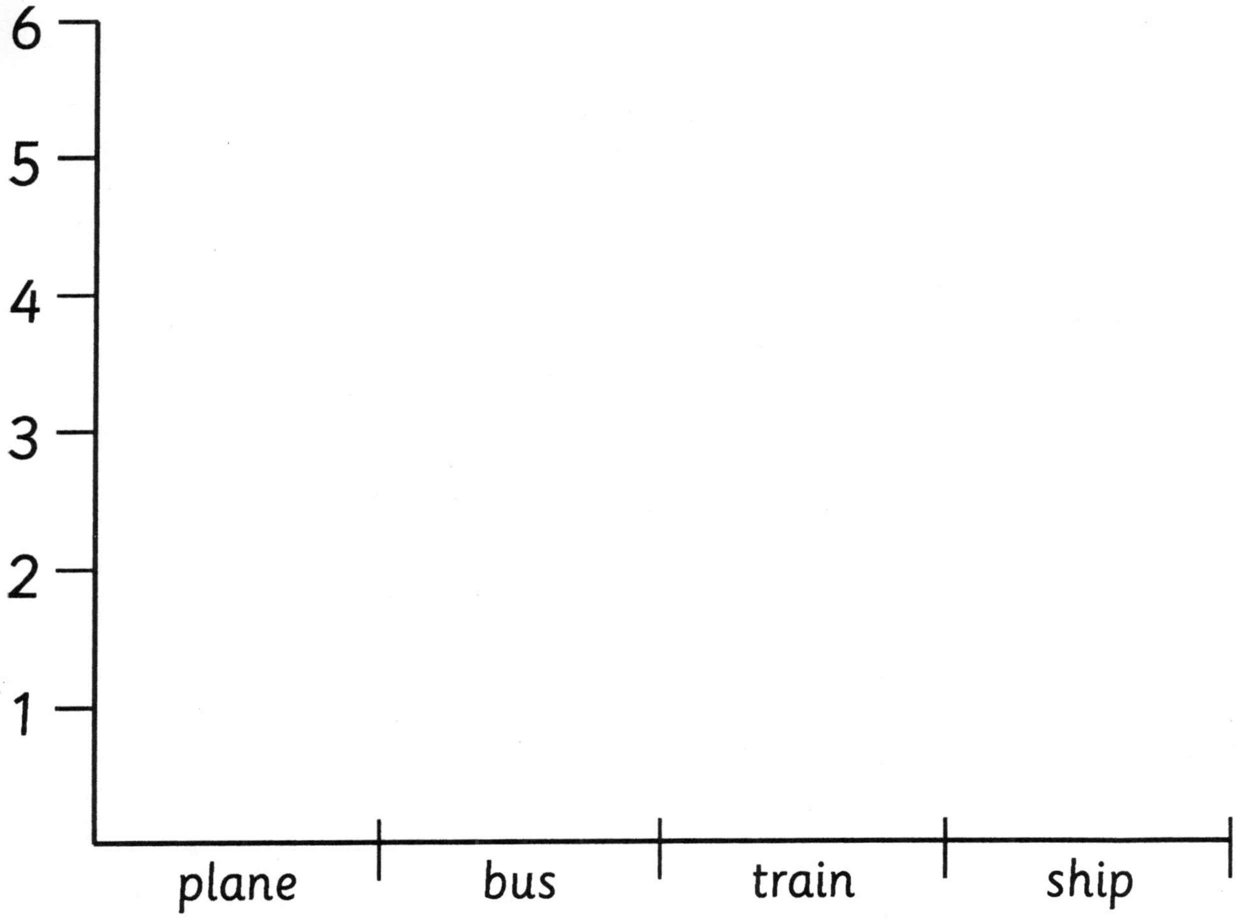

Das Reise-Spiel

Sprachstrukturen

- ★ Verkehrsmittel
- ★ Imperativ
- ★ Anweisungen verstehen

Materialien

- ★ eine Kopie der Seiten TR/05 und TR/06 für jede Gruppe
- ★ Würfel
- ★ Scheren/ Klebeband

So wirds gemacht

1. Teilen Sie die Klasse in Gruppen zu 3-5 Schülern auf.

2. Geben Sie jeder Gruppe jeweils eine Kopie der Seiten TR/04 und TR/05.

3. Die Schüler kleben die zwei Seiten zusammen, um ein Brettspiel herzustellen. Erklären Sie ihnen unbekannte Wörter.

4. Die Gruppen spielen das Spiel nach der unten stehenden Anleitung:

Setzt eure Spielmarken auf das START-Feld

Jeder würfelt einmal. Wer die höchste Zahl hat, fängt an. Nun würfelt ihr der Reihe nach und zieht eure Spielmarken. Wenn ihr auf ein Feld mit einer Anweisung kommt, müsst ihr sie laut vorlesen und dann das machen, was dort steht. Wenn ihr eine 6 würfelt, seid ihr noch mal dran (aber höchstens dreimal hintereinander).

Wer zuerst FINISH erreicht, hat gewonnen.

The Travel

STATION
Train stops at the station. Miss a go.
43
44
Walker hitchhikes. Go on 4.
45
42
Walker stops for an ice cream. Miss a go.
41
38
39
40
Bike moves quickly. Go on 4.
33
Horse stops for water. Miss a go.
37
36
35
34
Fog. Throw a 6 to continue.
18
19
20
21
17
An accident on the road. Go back 2.
16
15
14
START
1
2
3

Das Reise-Spiel

Game

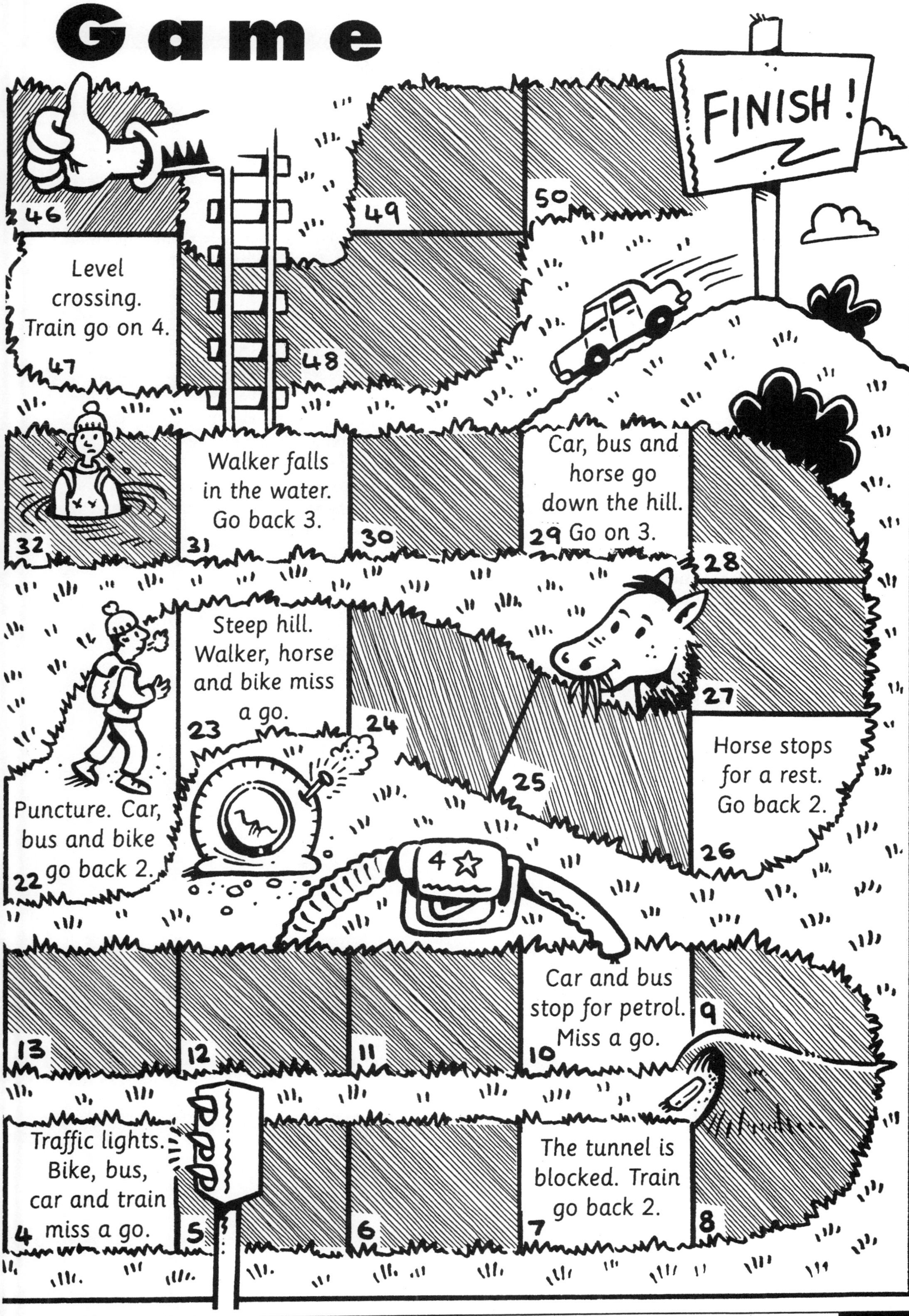
FINISH !
4 Traffic lights. Bike, bus, car and train miss a go.
5
6
7 The tunnel is blocked. Train go back 2.
8
9
10 Car and bus stop for petrol. Miss a go.
11
12
13
4 ☆
22 Puncture. Car, bus and bike go back 2.
23 Steep hill. Walker, horse and bike miss a go.
24
25
26 Horse stops for a rest. Go back 2.
27
28
29 Car, bus and horse go down the hill. Go on 3.
30
31 Walker falls in the water. Go back 3.
32
46
47 Level crossing. Train go on 4.
48
49
50

Raketen-Gedicht

Sprachstrukturen

★ *present continuous*
★ Präpositionen

Materialien

★ eine Kopie der Seite TR/07 pro Schüler

So wirds gemacht

1 Geben Sie jedem Schüler jeweils eine Kopie der Seite TR/07 und besprechen Sie mit ihnen neues Vokabular.

2 Fordern Sie Ihre Schüler auf, das Arbeitsblatt zu vervollständigen (in Einzelarbeit oder zu zweit).

3 Überprüfen Sie die Lösungen und erklären Sie Ihren Schülern, dass sie einen Reim geschrieben haben.

Lösungen: 1 e 2 d 3 a 4 c 5 b

4 Üben Sie das Aufsagen des Reims mit Ihrer Klasse ein. Dabei sollte die Betonung jeweils auf den Verben liegen (z.B. *whooshing*).

5 Ermuntern Sie Ihre Schüler, anstatt der Verben passende Geräusche zu machen.

6 Wenn die Schüler den Reim aufsagen können, teilen Sie die Klasse in zwei Gruppen: Die erste sagt den Reim mit den Verben auf, während die zweite die entsprechenden Geräusche macht. Dann tauschen sie die Rollen.

Name .... Class ....

Join the phrases, then write sentences below.

1	The rocket is	speeding down the road.	a
2	The ship is	chugging across the field.	b
3	The car is	bumping along the path.	c
4	The bike is	splashing through the waves.	d
5	The tractor is	whooshing to the moon.	e

Rocket Rhyme

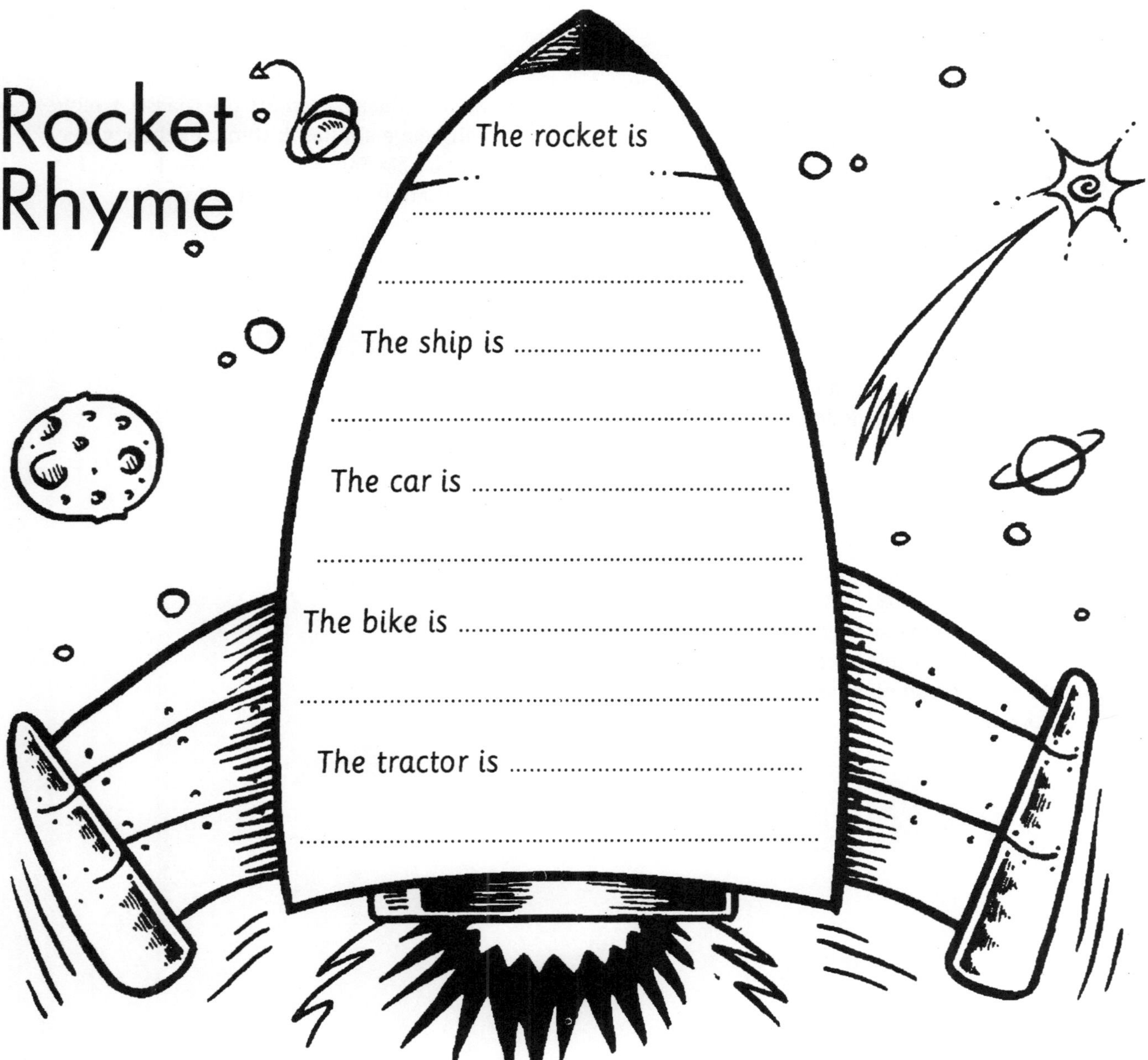

The rocket is

....

....

The ship is ....

....

The car is ....

....

The bike is ....

....

The tractor is ....

....

So viele Räder!

☺

Sprachstrukturen

★ Zahlen/ zählen
★ Präsens/ Vergangenheit mit *see/saw*

Materialien

★ eine Kopie der Seite TR/08 pro Schüler

So wirds gemacht

1 Geben Sie jedem Schüler eine Kopie der Seite TR/08 und vergewissern Sie sich, dass alle einen Stift haben.

2 Wenn möglich, gehen Sie mit Ihren Schülern nach draußen, an einen sicheren Ort, von dem aus sie den Straßenverkehr beobachten können.

3 Geben Sie Ihren Schülern zehn Minuten Zeit (oder länger, je nachdem, wie stark der Verkehr ist) und fordern Sie sie auf, immer dann ein Häkchen unter die Bilder der Fahrzeuge zu machen, wenn ein Entsprechendes an ihnen vorbeifährt. Ermuntern Sie sie, jedesmal laut *I see a lorry* usw. zu sagen. Sie können daraus einen kleinen Wettbewerb machen: Wer zuerst ein neues Fahrzeug entdeckt, bekommt einen Punkt.

4 Wenn Sie mit Ihren Schülern nicht nach draußen gehen können, geben Sie ihnen die Arbeitsblätter mit nach Hause. Fordern Sie sie auf, sie von einem Fenster aus auszufüllen.

Weiterführende Übungen

1 Wenn sie wieder im Klassenzimmer sind, zählen die Schüler, wie viele Fahrzeuge einer Kategorie sie gesehen haben. Fragen Sie danach einzelne Schüler, wie ihr Ergebnis aussieht, z.B. *How many cars did you see? I saw twenty-four.*

2 Die Schüler arbeiten dann in Paaren und vergleichen ihre Ergebnisse miteinander. Ermuntern Sie Ihre Schüler, über ihre unterschiedlichen Ergebnisse Auskunft zu geben, z.B. *I saw five vans but* (Names des Partners) *saw seven.*

3 Zum Schluss fragen Sie die Klasse, welche Fahrzeuge am häufigsten zu sehen waren und ob sie Fahrzeuge gesehen haben, die nicht auf ihrem Arbeitsblatt waren.

Name .... Class ....

 car	 bus	 police car	 motorbike	 bike	 ambulance	 fire engine	 lorry	 mini-bus	 van
TOTALS									

The Wheels on the Bus-Lied

☺☺☺

Sprachstrukturen

★ *simple present*
★ Verben

Materialien

★ eine Kopie der Seite TR/09 (eine Kopie für zwei Schüler reicht aus)

So wirds gemacht

1 Singen Sie das Lied der Klasse vor und erklären Sie neues Vokabular.

2 Fordern Sie Ihre Schüler auf mitzusingen.

3 Wenn sie das Lied beherrschen, ermuntern Sie sie, es mit den Bewegungen zu begleiten.

4 Die Schüler arbeiten nun in Gruppen und erfinden eigene Verse und Bewegungen. Diese können sie dann dem Rest der Klasse vorführen.

Weiterführende Übung

Arrangieren Sie die Stühle im Klassenzimmer so wie in einem Bus und fordern Sie die Gruppen auf, Rollenspiele zu entwickeln, wobei einer der Busfahrer ist (das Geld einkassiert, die Glocke läutet usw.) und die anderen die Passagiere.

The Wheels on the Bus

(pupils circle hands)

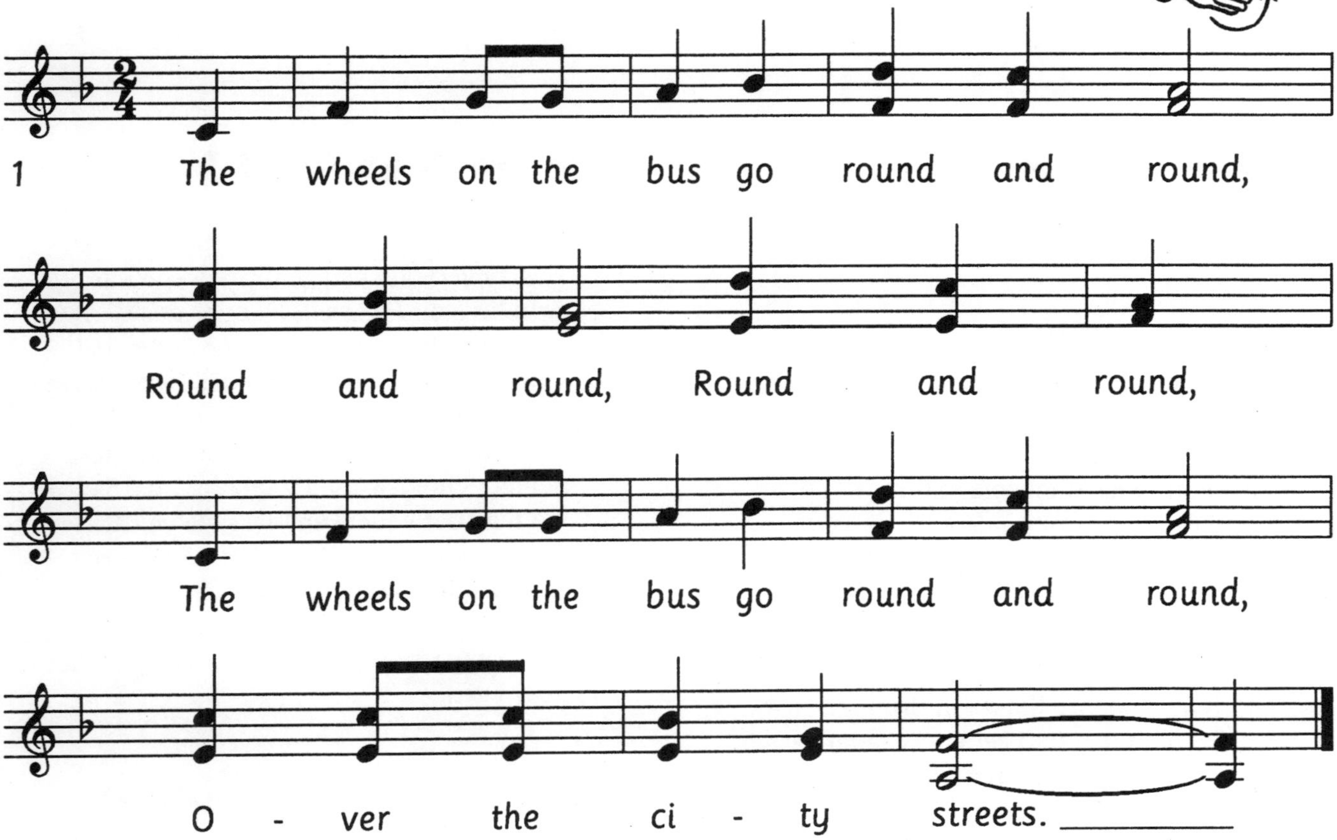

2 The horn on the bus goes peep, peep, peep ...

(press nose 3 times)

3 The wipers on the bus go swish, swish, swish ...

(move hands from side to side)

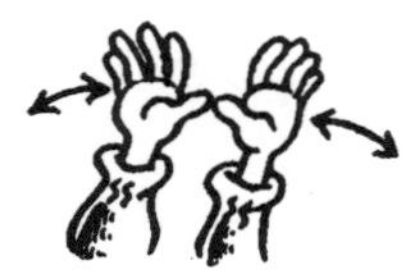

4 The people on the bus bounce up and down ...

(bounce up and down in seat)

5 The children on the bus go chatter, chatter, chatter ...

(open and close hands like a beak)

6 The driver on the bus says 'tickets please' ...

(hold hand out)

The Wheels on the Bus-Spiel

☺☺☺

Sprachstrukturen

★ Zahlen
★ Farben

Materialien

★ eine Kopie der Seiten TR/10 und TR/11 für jede Gruppe
★ Scheren
★ Bunt- oder Wachsmalstifte
★ Würfel
★ Klebstoff

Vorbereitung

1 Teilen Sie Ihre Klasse in Gruppen zu 4 Schülern auf und geben Sie jeder Gruppe eine Kopie der Seiten TR/10 und TR/11.

2 Fordern Sie sie auf, die 9 Kästen und 4 Räder auf der Seite TR/11 auszuschneiden.

3 Schreiben Sie in der Zwischenzeit den folgenden Schlüssel an die Tafel:

1 = driver
2 = wheel
3 = horn
4 = child
5 = wipers
6 = people

So wirds gemacht

1 Die Schüler der jeweiligen Gruppen würfeln nun der Reihe nach und versuchen ihren Bus zu vervollständigen, z.B. wenn ein Schüler eine *1* würfelt, klebt er das Bild von dem Busfahrer an die richtige Stelle, bei einer *2* kebt er ein Rad auf das Blatt. Wenn ein Schüler eine Zahl würfelt, die schon vorgekommen ist (z.B. wenn ein zweiter Schüler eine *1* würfelt), setzt er aus. Sie sollten aber bedenken, dass sie vier Räder brauchen und dass hinter den Fenstern Kinder oder andere Leute sitzen können.

2 Die Gruppe, deren Bus zuerst fertig ist, hat gewonnen.

Weiterführende Übung

1 Die Gewinner-Gruppe bereitet ein Farben-Diktat für den Rest der Klasse vor. Helfen Sie ihnen, die Anweisungen für das Anmalen des Busses zu formulieren, z.B. *The bus is green. The driver's hat is red. The children's faces are pink. The horn is purple.* (Währenddessen können die anderen Schüler zum Beispiel, mit ihren Verkehrsmittel-Karten (TR/01 und TR/02) spielen oder *The Wheels on the Bus*-Lied noch einmal singen.)

2 Wenn die Gewinner-Gruppe so weit ist, fordern Sie sie auf, nacheinander, Zeile für Zeile die Anweisungen für das Anmalen des Busses vorzulesen.

3 Anschließend überprüfen sie, ob ihre Mitschüler die Busse richtig angemalt haben, indem sie Fragen stellen, z.B. *What colour is the horn?*

4 Wenn möglich, hängen Sie die Bilder der Busse im Klassenzimmer auf.

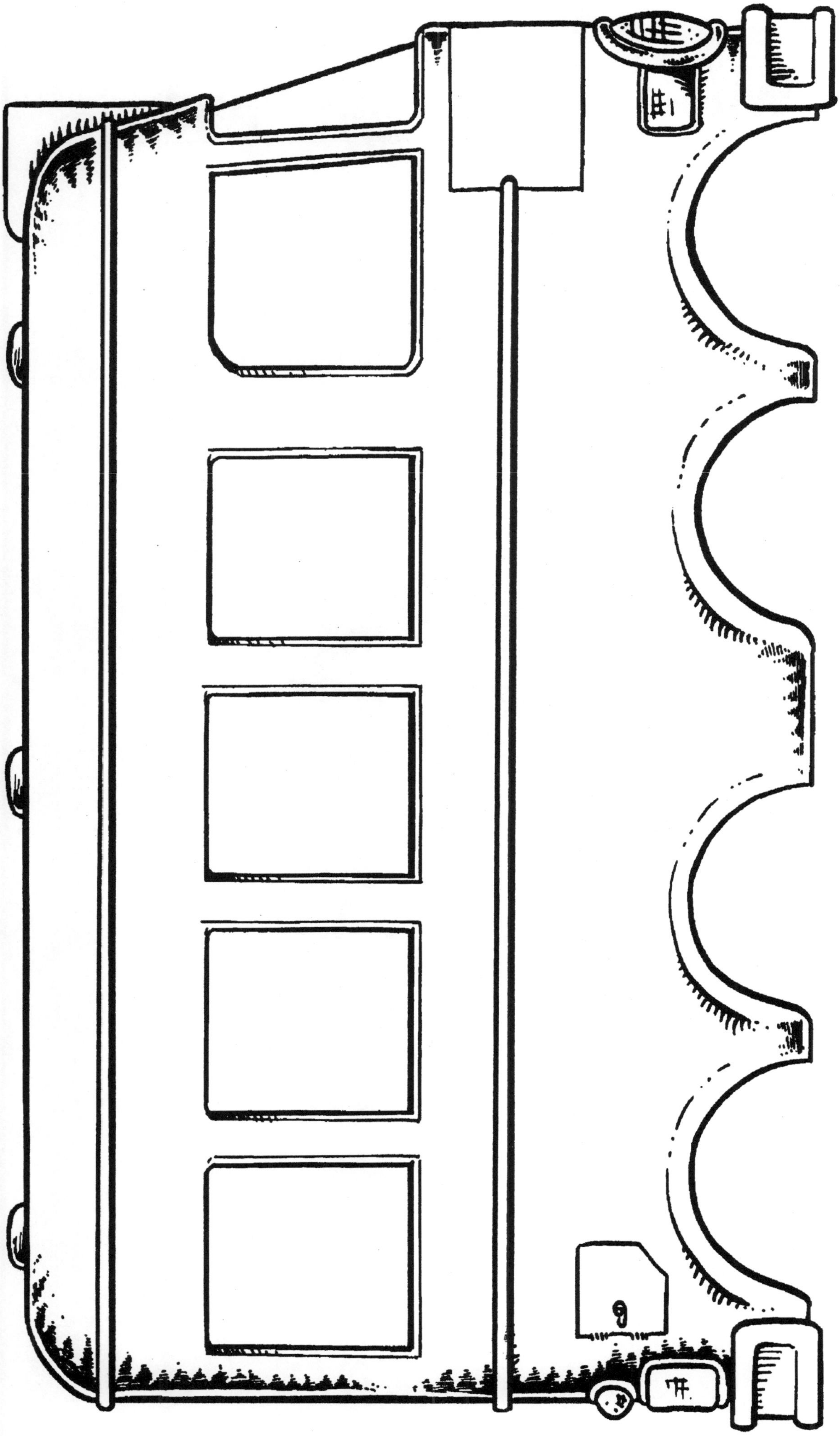

The Wheels on the Bus-Spiel

wheel

wheel

wheel

wheel

driver

horn

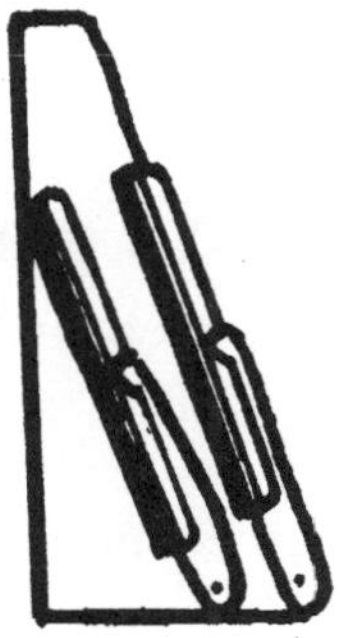

wipers

child

child

child

people

people

people

Schulweg

Sprachstrukturen

★ *present continuous*
★ Geschichten erzählen (einfach)

Materialien

★ eine Kopie der Seite TR/12 pro Schüler
★ Schere/Farbstifte

So wirds gemacht

1 Geben Sie jedem Schüler eine Kopie der Seite TR/12.

2 Fordern Sie Ihre Schüler auf, sich die Bilder anzusehen und sie zu beschreiben, z.B. *There's a boy and a girl. The boy is getting on the bus. The girl is carrying a bag.*

3 Fordern Sie sie nun auf, die Abschnitte 1 und 2 auf ihren Arbeitsblättern auszufüllen. Überprüfen Sie dann, dass sie die Bilder in die folgende Reihenfolge gebracht haben: 4, 1, 2, 3.

Weiterführende Übung

1 Die Schüler können ihre Bilder ausmalen und sie dann in der korrekten Reihenfolge zusammenheften oder sie in ihre Transport-bücher kleben.

2 Sollten Ihre Schüler im Schreiben schon geübt sein, können Sie sie auffordern, einen kurzen Text über ihren Schulweg im Präsens zu schreiben.

1 Write the correct sentence under each picture.

> Then Jim and Helen are getting off the bus.
> Finally, they are crossing the road to school.
> First, Jim and Helen are waiting for the bus.
> They are now getting on the bus.

2 Put the pictures in the correct order.

Wie kommst du zur Schule?

Sprachstrukturen

★ Präsens mit *come/comes*
★ Präpositionen + Verkehrsmittel
z.B. *by car/ on foot*

Materialien

★ eine Kopie der Seite TR/13 pro Schüler

Vorbereitung

1 Besprechen Sie das Vokabular vorher, indem Sie die unten abgebildeten Figuren an die Tafel zeichnen (siehe Bild 1).

2 Erklären Sie Ihren Schülern, dass das Lehrer und Lehrerinnen sind, die zur Schule kommen. Fordern Sie sie auf, ihnen Namen zu geben. Sie sollten lustig sein, z.B. *Mr Lazy* für denjenigen, der mit dem Taxi kommt.

3 Erklären Sie Ihren Schülern, wie die Lehrer und Lehrerinnen zur Schule kommen, z.B. *Mr Lazy comes to school by taxi.* Schreiben Sie die entsprechenden Sätze unter die Bilder und fordern Sie Ihre Klasse auf, sie Ihnen nachzusprechen.

Bild 1

So wirds gemacht

1 Geben Sie jedem Schüler eine Kopie des Fragebogens TR/13.

2 Fordern Sie Ihre Schüler auf, in der Klasse herumzugehen und einander die erste Frage zu stellen (d.h. *Do you come to school by car?*). Sie schreiben die Namen derjenigen Schüler, die mit *Yes, I do* antworten, in die erste Sprechblase. Wenn ein Schüler mit *No, I don't* antwortet, stellen sie ihm die nächste Frage (d.h. *How do you come to school?*). Sie schreiben die Art und Weise, wie derjenige zur Schule kommt, in die zweite Sprechblase.

3 Danach fassen die Schüler in Einzelarbeit oder zu zweit die Ergebnisse ihrer Umfrage zusammen, z.B. *Twelve pupils come to school by car. Six pupils come to school by bus.*

Do you come to school by car?

How do you come to school?

Mrs Armitage on Wheels

Sprachstrukturen

★ Vergangenheit
★ *needs*
★ Geschichten erzählen

Materialien

★ eine Kopie der Seite TR/14 (eine Kopie für zwei Schüler reicht aus)

So wirds gemacht

1 Lesen Sie der Klasse die Geschichte vor und begleiten Sie das Vorlesen mit Mimik, Geräuschen und Zeichnungen an der Tafel, um schwierige Textstellen zu erläutern. (Wichtig ist zu diesem Zeitpunkt, dass Ihre Schüler dem Faden der Geschichte folgen können; sie brauchen noch nicht jedes Wort verstehen.)

2 Lesen Sie die Geschichte noch einmal vor und ermutigen Sie Ihre Schüler, Ihre Mimik und Geräusche nachzumachen.

3 Verteilen Sie die Kopien der Seite TR/14 und lesen Sie die Geschichte ein weiteres Mal vor. Ihre Schüler können das lesen, was Mrs Armitage sagt, z.B. *This bike needs a horn.*

4 Wenn nötig, benutzen Sie die Bilder, um schwierige Vokabeln zu erklären.

Weiterführende Übungen

1 Die Schüler könnten in Gruppen arbeiten und ihren eigenen Text zu der Geschichte schreiben, den sie dann illustrieren könnten. Anschließend könnten Sie die Blätter mit einem Titelblatt versehen und zusammenheften.

2 Es gibt eine Anzahl von Übungen, die sich mit dieser Geschichte machen lassen. Für weitere Ideen siehe die folgende Grafik.

Mrs Armitage on Wheels von Quentin Blake ist bei Collins Picture Lions erschienen.

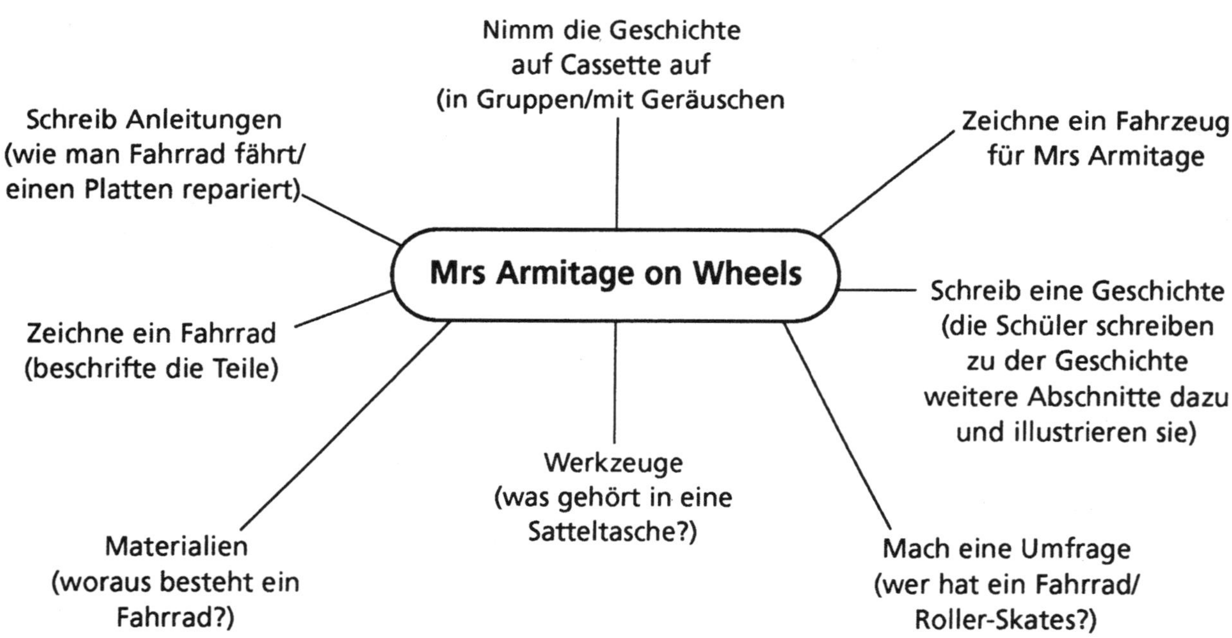

Mrs Armitage on Wheels

Mrs Armitage was out on her bicycle.
A hedgehog walked across the road.

'This bike needs a horn,' said Mrs Armitage.
So she fixed a horn to her bicycle.

Mrs Armitage had a puncture.
'This bike needs a tool kit,' she said.
So she fixed a tool kit to her bicycle.

Mrs Armitage was hungry.
'This bike needs a lunch box,' she said.
So she fixed a lunch box to her bicycle.

Mrs Armitage was bored.
'This bike needs a radio,' she said.
So she fixed a radio to her bicycle.

Mrs Armitage was tired.
'This bike needs a motor,' she said.
So she fixed a motor to her bicycle.

Mrs Armitage's bicycle went *faster* and *faster*.
Then CRASH! CRUNCH! CLATTER!
'I need .... a pair of roller skates!'
said Mrs Armitage. WHOOSH!

Ein Supermobil

Sprachstrukturen

★ Autoteile
★ Zahlen/Farben
★ *it has got, there is/are*
★ Futur

Materialien

★ eine Kopie der Seite TR/15 für jede Gruppe
★ Scheren
★ 4 Cocktail-Sticks für jede Gruppe
★ Bunt- oder Wachsmalstifte

Vorbereitung

1 Teilen Sie Ihre Klasse in Gruppen zu 4 oder 5 Schülern auf.

2 Geben Sie jeder Gruppe eine Kopie der Seite TR/15 und fordern Sie sie auf, die 4 Kreisel auszuschneiden.

3 Durch die Mitte der Kreisel führen sie nun jeweils einen Cocktail-Stick, sodass etwa $^2/_3$ unterhalb und $^1/_3$ oberhalb des Texts erscheint.

4 Danach üben sie die Kreisel zu drehen.

So wirds gemacht

1 Die Schüler arbeiten weiterhin in ihren Gruppen. Der erste Schüler lässt den „Teile"-Kreisel kreiseln und schreibt das Teil auf, das der Kreisel anzeigt, z.B. *wheel.* Danach dreht er die anderen Kreisel und schreibt auf, was diese anzeigen, z.B. *green, two* und *square.*

2 Die anderen Schüler der Gruppe machen dasselbe. Nun haben sie eine Liste mit Bestandteilen ihres „Supermobils", z.B. Schüler 1 hat *two, green, square wheels.*

3 Die Schüler fertigen gemeinsam eine Zeichnung ihres „Supermobils" an, in die sie alle ausgekreiselten Bestandteile integrieren.

4 Zum Schluss malen sie ihr „Supermobil" an und beschreiben es mit wenigen Sätzen, dabei sollten sie *It has got* und *There is/are* benutzen.

5 Hängen Sie die Zeichnungen im Klassenzimmer auf.

Weiterführende Übung

Daran lässt sich eine Diskussion zum Thema „Verkehrsmittel der Zukunft" anschließen. Fragen Sie Ihre Schüler, ob sie glauben, dass es in der Zukunft noch Autos/Busse/Züge/Fahrräder usw. geben wird. Wie werden sie aussehen? Werden Sie Räder/Motoren/Fenster haben? Welchen Treibstoff werden sie benutzen?

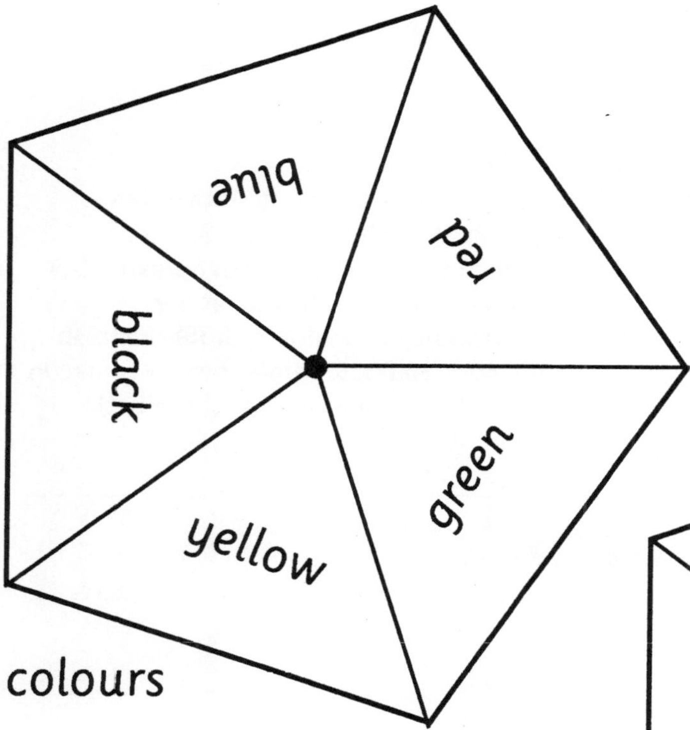

colours

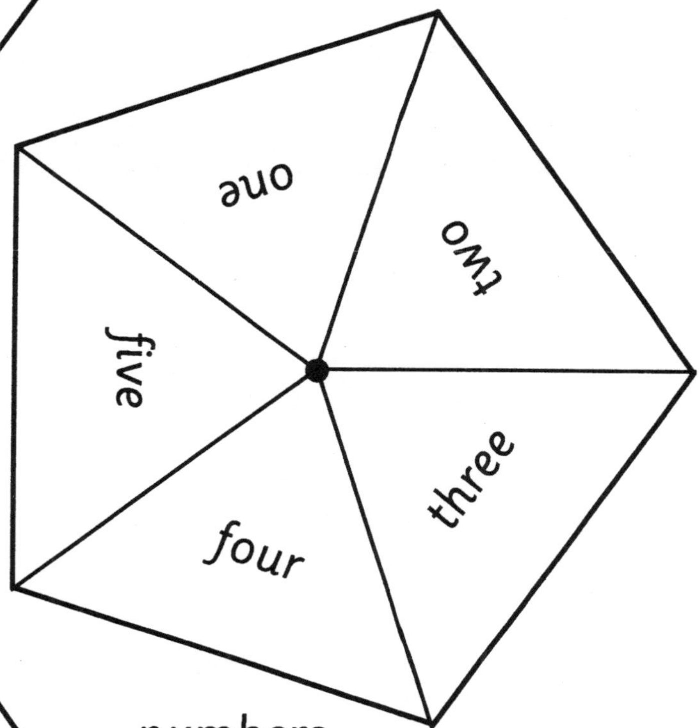

numbers

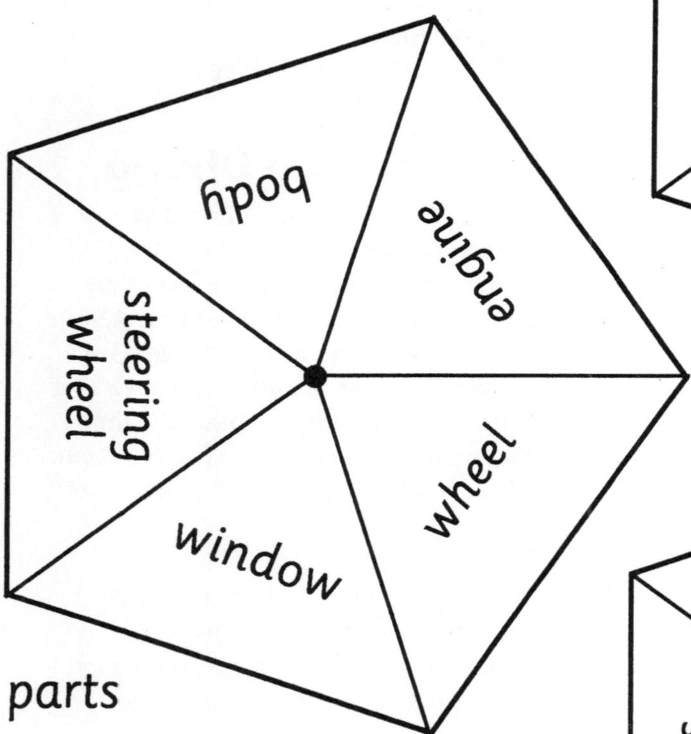

parts

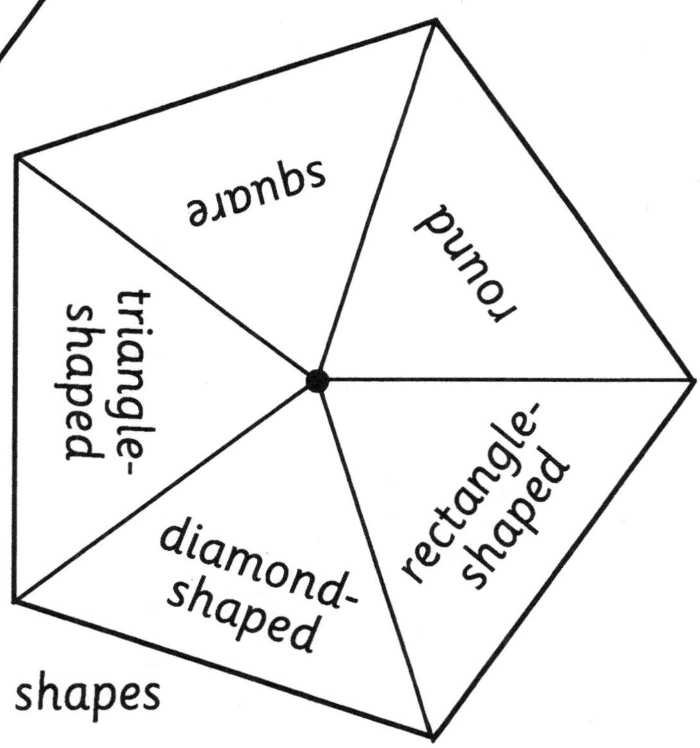

shapes

FOOD

Die Übungen zu diesem Thema sind zur Wiederholung bestimmter Strukturen vorgesehen, während in ihnen gleichzeitig Vokabeln, die mit Lebensmitteln und Ernährung zu tun haben, vermittelt werden. Schüler lernen, z.B. eine Mahlzeit zu planen, und haben Gelegenheit, Bastelarbeiten auszuführen. Je nachdem, wann Sie dieses Thema im Unterricht behandeln, können Sie daran Aktivitäten anschließen, die sich mit für bestimmte Jahreszeiten typischen Gerichten befassen (z.B. Was isst man zu Ostern?) und mit der unterschiedlichen Esskultur in Großbritannien und in Ihrem Land (z.B. vergleichen, was man in dem jeweiligen Land zu Weihnachten isst).

Was ist im Eisschrank?

Sprachstrukturen

★ Lebensmittel
★ Farben, Zahlen, Alphabet
★ *there is/are* + *some/any*

Materialien

★ eine Kopie der Seite FO/01 (eine Kopie für zwei Schüler reicht aus)

So wirds gemacht

1 Verteilen Sie die Kopien der Seite FO/01 und fragen Sie Ihre Schüler, was sie sehen (einen Kühlschrank). Benutzen Sie das Bild, um mit Ihren Schüler das Vokabular zu besprechen.

2 Schreiben Sie die folgen Anweisungen und Fragen an die Tafel und fordern Sie Ihre Schüler auf, zu zweit die Antworten aufzuschreiben.

Arbeitsblatt: Kühlschrank
1 Find 3 things beginning with *b*.
2 How many apples are there?
3 Find 5 things beginning with *c*.
4 How many green vegetables are there?
5 Find 2 yellow fruits.

3 Überprüfen Sie die Antworten.

4 Die Schüler arbeiten in Paaren und stellen einander ähnliche Fragen, z.B. *How many ...?* oder *Find something beginning with ....*

Weiterführende Übung

1 Benutzen Sie das Bild, um damit den Gebrauch von *some/any* + Lebensmittel entweder zu wiederholen oder zu erklären. Geben Sie Ihren Schülern einige Beispiele vor, wie *There's some milk. There isn't any jam. There are some apples. There aren't any peaches.* Fordern Sie Ihre Klasse auf, Ihnen die Sätze nachzusprechen. Stellen Sie dann einzelnen Schülern Fragen mit *Is there/Are there?*

2 Die Schüler können nun folgendes Spiel spielen: Ein Schüler sagt: „*In my fridge there's a melon.*" Der nächste Schüler sagt: „*In my fridge there's a melon and some grapes.*" Der Nächste sagt: „*In my fridge there's a melon, some grapes and some bread.*" In diese Weise geht das Spiel weiter: Jeder Schüler fügt der Liste einen weiteren Ausdruck hinzu. Schüler, die die Reihenfolge durcheinander bingen oder der Liste keine neue Vokabel hinzufügen können, scheiden aus. Das Spiel endet, wenn alle Lebensmittel aus dem Kühlschrank genannt worden sind oder wenn nur noch ein Schüler übrig ist. Sie können Ihre Klasse für das Spiel auch in Gruppen aufteilen, wenn sie sehr groß ist.

COKE
BISCUITS
MILK
CHOC
WATER
ORANGE

Das Ballon-Spiel

Sprachstrukturen

★ Lebensmittel, Besteck, Behälter
★ *it's a*
★ Farben

Materialien

★ eine Kopie der Seite FO/02 für jede Gruppe
★ Papier zum Herstellen von Karten
★ Bunt- oder Wachsmalstifte
★ Würfel & Spielmarken

Vorbereitung

1 Teilen Sie Ihre Klasse in Gruppen zu 2 bis 4 Schülern auf und geben Sie jeder Gruppe eine Kopie des Brettspiels FO/02.

2 Machen Sie ein Farben-Diktat, z.B. *Colour the banana yellow. Colour the fork blue.*

3 Fordern Sie Ihre Schüler auf, einen Satz von 18 Karten anzufertigen (5 mit einem Ballon, 4 mit zwei Ballons, 4 mit 3 Ballons, 5 mit einer Nadel).

So wirds gemacht

1 Die Schüler spielen das Spiel nach der unten stehenden Anleitung:

Varianten

Sie können das Spiel später auch zum Üben anderer Srukturen benutzen, z.B. wenn die Schüler ein Feld erreichen, könnten sie sagen, bei welcher Mahlzeit sie den abgebildeten Gegenstand brauchen oder zu welcher sie ihn essen; sie könnten sagen, ob sie *like/don't like a food*; wie die Esswaren schmecken; ob sie *good/bad for you* sind, usw.

Sucht euch eine Spielmarke aus und setzt sie auf das Eckfeld.

Mischt die Karten und legt den Stapel verdeckt neben das Spiel.

Jeder würfelt einmal. Wer die höchste Zahl hat, fängt an.

Jetzt würfelt ihr der Reihe nach und zieht eure Spielmarken (zählt dabei laut eure Schritte auf Englisch).

Wenn ihr ein Feld erreicht, sagt ihr, wie der abgebildete Gegenstand heißt und was für eine Farbe er hat, z.B. *It's a red knife*. Wenn das richtig ist, dürft ihr eine Karte aufnehmen.

Wenn es eine Karte mit einem Ballon ist, behaltet ihr sie und legt sie vor euch hin.

Wenn es eine Karte mit einer Nadel ist, könnt ihr damit Ballons anderer Spieler „platzen" lassen (d.h., sie müssen ihre Ballon-Karte zurück auf den Stapel legen). Wenn niemand anderes eine Ballon-Karte hat, müsst ihr eine euer eigenen Ballon-Karten auf den Stapel zurücklegen.

Wenn ihr nicht sagen könnt, wie der abgebildete Gegenstand heißt, dürft ihr keine Karte aufnehmen.

Gewinner ist, wer als Erstes 10 oder mehr Ballons hat und den dekorierten Tisch in der Mitte erreicht hat.

The Balloon Game

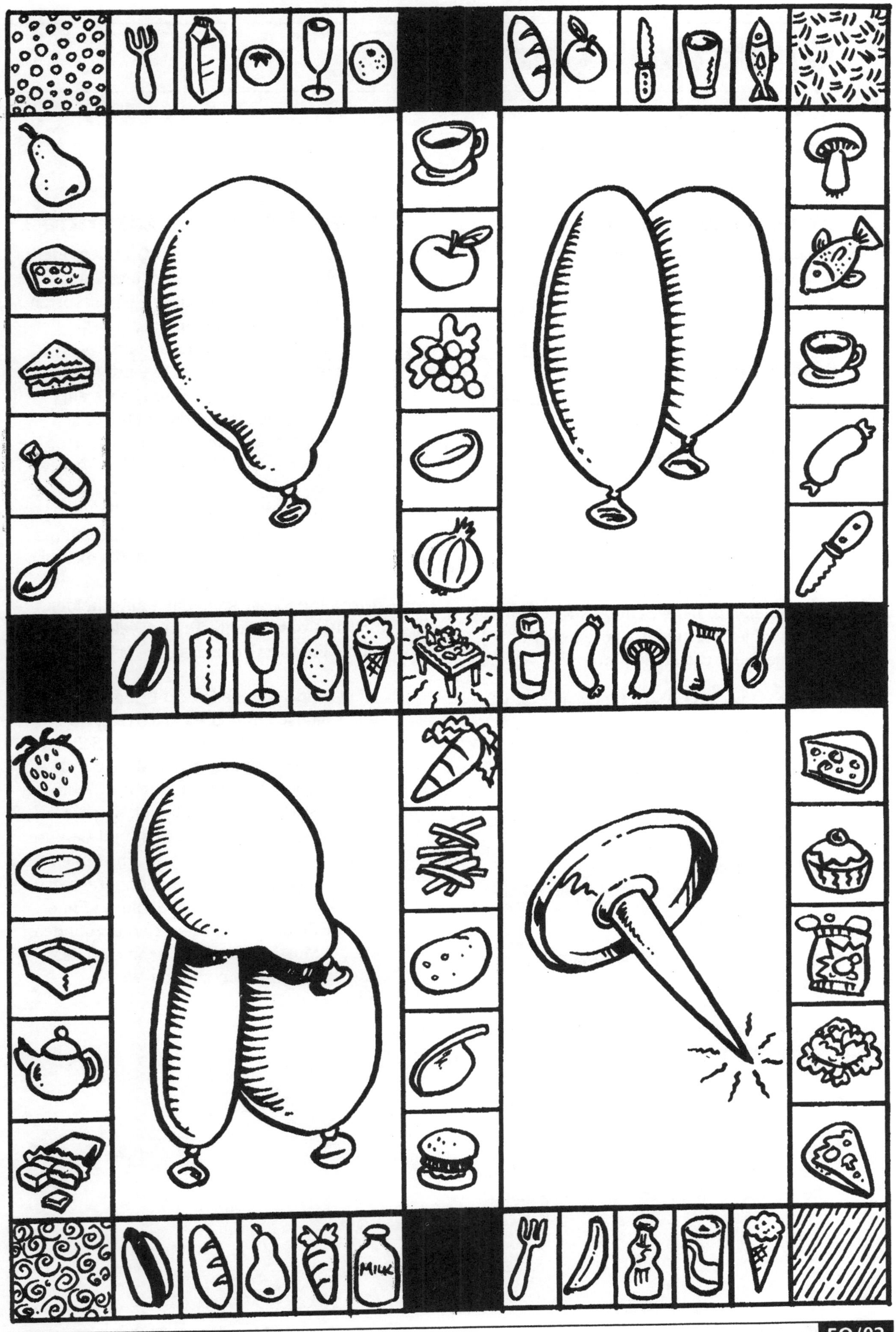

Obst und Gemüse

Sprachstrukturen

★ *simple present* mit *like*
★ Zahlen
★ Bastelarbeit

Materialien

★ eine Kopie der Seite FO/03 pro Schüler
★ Obst und Gemüse
★ Farbe
★ Papier

So wirds gemacht

1 Geben Sie jedem Schüler eine Kopie der Seite FO/03 und teilen Sie sie dann in Gruppen auf. Jeder Schüler sucht sich 4 Mitschüler aus (nicht aus seiner Gruppe), an die er Fragen stellen muss.

2 Die Schüler gehen im Klassenzimmer herum und fragen ihre 4 Mitschüler z.B. *„Do you like apples?"* Wenn ein Schüler mit *yes* antwortet, machen sie in ihre Tabelle ein Häkchen; wenn ein Schüler mit *no* antwortet, machen sie ein Keuz. Wenn sie mit ihrer Umfrage fertig sind, zählen sie die Häkchen zusammen und tragen das Ergebnis in die rechte Spalte der Tabelle ein.

3 Die Schüler arbeiten wieder in ihren Gruppen und zählen nun die einzelnen Ergebnisse zusammen, d.h., sie zählen alle *apples-* Ergebnisse zusammen, dann alle *bananas*-Ergebnisse usw. Die Resultate schreiben sie in die Kästen unterhalb der Tabelle.

4 Regen Sie Ihre Klasse an, über ihre Resultate zu sprechen. Welches Obst ist am beliebtesten? Welches mag kaum jemand?

Weiterführende Übungen

1 **Gemüse-Umfrage:** In ihren Gruppen oder in Einzelarbeit bereiten die Schüler einen ähnlichen Fragebogen über Gemüsesorten vor. Diesmal jedoch nehmen sie den Fragebogen mit nach Hause und fragen 3 Familienmitglieder (oder Freunde/ Freundinnen), welches Gemüse sie am liebsten mögen. In der darauf folgenden Stunde fragen Sie sie, was für Antworten sie bekommen haben, z.B. *My mother likes potatoes, my brother likes tomatoes and my granny likes carrots.* Halten Sie die Antworten an der Tafel fest (z.B. zeichnen Sie jedes Gemüse und machen Sie daneben jedesmal ein Häkchen, wenn es genannt wird). Die Klasse kann dann entscheiden, welches das beliebteste und welches das unbeliebteste Gemüse ist.

2 **Obst- und Gemüse-Druck:** Bringen Sie Obst und Gemüse mit in die Klasse (z.B. Äpfel, Orangen, Karotten, Zucchini). Die Schüler schneiden sie einmal in der Mitte durch und malen das Innere an. Damit drucken sie auf ein Blatt Papier ein Muster. Regen Sie sie an, unterschiedliches Obst und Gemüse für ein Bild zu benutzen. Danach können sie in Paaren arbeiten und einander Fragen zu ihren Bildern stellen. Zum Schluss können Sie Ihre Schüler auffordern herauszufinden, wie die Muster aussehen, wenn man das Obst und Gemüse in anderer Weise zerschneidet.

Name .... Class ....

		Total

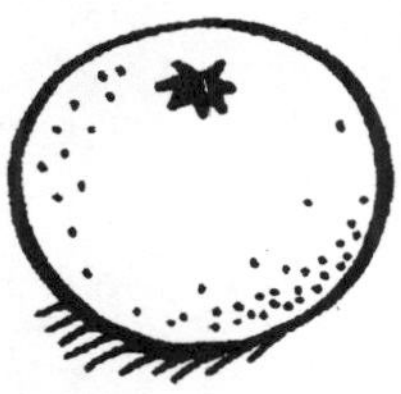		

How many children like these fruits?

Ten Fat Sausages

Sprachstrukturen

★ Zahlen

Materialien

★ eine Kopie der Seite FO/04 (eine Kopie für zwei Schüler reicht aus)

So wirds gemacht

1 Verteilen Sie die Kopien des Liedes FO/04.

2 Singen Sie die ersten Strophen, bis Ihre Schüler mitsingen können.

3 Singen Sie das Lied noch einmal und machen Sie dabei folgende Gesten: Zu Beginn jeder Strophe halten Sie die entsprechende Anzahl von Fingern hoch, bei dem Wort *POP* schnippen Sie mit den Fingern, bei dem Wort *BANG* klatschen Sie in die Hände und halten dann zwei Finger weniger hoch.

4 Ihre Schüler singen das Lied in Gruppen.

Weiterführende Übung

Weitere schöne Lieder und Reime zum Thema sind u.a.:
Five Currant Buns in the Baker's Shop
One Potato, Two Potatoes
Hippity Hop to the Candy Shop
Oranges and Lemons

... Ten Fat Sausages ...

2 Eight fat sausages sizzling in the pan.
Eight fat sausages sizzling in the pan.
One went 'POP!' and another went 'BANG!'
There were six fat sausages sizzling in the pan.

3 Six fat sausages sizzling in the pan ...

4 Four fat sausages sizzling in the pan ...

5 Two fat sausages sizzling in the pan ...

Lass uns einkaufen gehen!

Sprachstrukturen

★ Dialog zum Thema Einkaufen, z.B. *Can I have ..., please? Yes, here you are.*
★ Anweisungen lesen

Materialien

★ eine Kopie der Seiten FO/05 und FO/06 für jede Gruppe
★ Klebeband
★ eine Spielmarke pro Schüler
★ Würfel
★ Bleistift/ Papier

So wirds gemacht

1 Teilen Sie Ihre Klasse in Gruppen zu 4 Schülern auf und geben Sie jeder Gruppe eine Kopie der Seiten FO/05 und FO/06. Die Schüler kleben die Seiten zusammen, so dass ein Brettspiel daraus wird.

2 Wiederholen Sie einfache Einkaufs-Dialoge, z.B. *Can I have some apples, please? Yes, here you are. Thank you.*

3 Besprechen Sie mit Ihren Schülern die Darstellungen auf dem Brettspiel und vergewissern Sie sich, dass Ihre Schüler die abgebildeten Gegenstände kennen.

4 Die Schüler spielen nun das Spiel nach der gegenüberstehenden Anleitung.

Variante

Sie können das Spiel schwieriger gestalten, indem Sie den Einkaufs-Dialog erweitern. Die Schüler könnten z.B. sagen: *Have you got any ...? I'd like a .... How much is that?* usw.

Sucht euch ein Geschäft aus. Das Geschäft ist dann euer Geschäft.

Schreibt eine Einkaufsliste mit 3 Sachen. Ihr braucht jeweils eine Sache aus einem der anderen drei Geschäfte.

Setzt eure Spielmarken auf das HOME-Feld.

Jeder würfelt einmal. Wer die höchste Zahl hat, fängt an.

Nun würfelt ihr der Reihe nach und zieht eure Spielmarken im Uhrzeigersinn.

Wenn ihr auf ein Feld mit einer Anweisung kommt, lest ihr sie laut vor und tut, was dort steht.

Wenn ihr auf ein Feld mit dem Eingang zu einem Geschäft kommt, geht ihr in das Geschäft hinein und kauft das, was auf eurer Einkaufsliste steht. Dann könnt ihr das Wort auf eurer Liste durchstreichen. (Aufgepasst: Ihr dürft nicht in eurem eigenen Geschäft einkaufen gehen.)

Ihr müsst so lange immer wieder von vorne anfangen, bis ihr alle 3 Sachen eingekauft habt.

Gewonnen hat, wer alle seine Sachen eingekauft hat und zuerst das HOME-Feld erreicht.

Let's Go

You catch the bus. Move on 10 squares.
ENTRANCE
You stop for a drink. Miss a turn.
BUS STOP
BAKER'S
Move back 2 squares.
ENTRANCE
MILK
£5
You stop and talk to a friend. Miss a turn.
You lose your money. Go home again.
BUTCHER'S
ENTRANCE
Move back 2 squares.
ENTRANCE
You take your bike. Move on 10 squares.

Lass uns einkaufen gehen!

Shopping

You lose your purse. Go home again.
ENTRANCE
Move on 2 squares.
GROCER'S
MILK
FLOUR
ENTRANCE
You take a taxi. Move on 10 squares.
TAXI
You lose your shopping list. Go home again.
GREENGROCER'S
Move back 2 squares.
Move on 2 squares.
ENTRANCE
Move on 2 squares.
ENTRANCE
You stop for a rest. Miss a turn.

Mahlzeiten

Sprachstrukturen

- ★ Mahlzeiten
- ★ *good/bad for you*
- ★ *simple present*

Materialien

- ★ eine Kopie der Seiten FO/01 und FO/07 pro Schüler

So wirds gemacht

1 Beginnen Sie damit, dass Sie die Namen der verschiedenen Mahlzeiten wiederholen, z.B. *breakfast, lunch, dinner, tea, supper,* usw.

2 Fordern Sie Ihre Schüler auf, sich die Seite FO/01 wieder anzusehen. Schreiben Sie zwei Überschriften an die Tafel *„Good for you"* und *„Bad for you"*. Fordern SieIhre Klasse auf, Ihnen Namen von Esswaren zuzurufen und zu sagen, unter welche Überschrift sie gehören, z.B *apples = good for you; sweets = bad for you.*

3 Verteilen Sie nun die Kopien der Seite FO/07 und fordern Sie Ihre Schüler auf, Speisepläne für *Freddy Fat* und *Tommy Thin* anzufertigen. Ermuntern Sie sie, sie so lustig wie möglich zu machen, z.B. *Freddy Fat eats 6 eggs, 3 cakes and drinks a litre of milk.*

4 Die Schüler arbeiten in Paaren. Sie stellen einander Fragen zu ihren jeweiligen Speiseplänen, z.B. *What does Freddy Fat drink for breakfast? Does he eat apples?*

5 Danach fertigen Sie zu zweit einen Speiseplan für Norman Normal an. Erklären Sie ihnen, dass es das Ziel ist, einen gesunden und ausgewogenen Speiseplan herzustellen.

6 Die Schüler können ihre Speisepläne an die Wand hängen oder daraus eine **Food**-Broschüre machen.

Weiterführende Übung

Die Schüler könnten in der Klasse eine Umfrage darüber veranstalten, was sie zum Frühstück/Mittag/Abendbrot essen, und danach darüber abstimmen, wer sich am gesündesten ernährt.

Name .... Class ....

Freddy Fat's breakfast

Food ....

....

....

Drink ....

....

....

Tommy Thin's lunch

Food ....

....

....

Drink ....

....

....

Norman Normal's dinner

Food ....

....

....

Drink ....

....

....

Mein Pausen-Snack

☺

Sprachstrukturen

- *simple present*
- Zeitangaben
- Geschichten erzählen

Materialien

- eine Kopie der Seite FO/08 pro Schüler
- Wachsmalstifte
- Scheren
- Klebstoff

So wirds gemacht

1 Geben Sie jedem Schüler eine Kopie der Geschichte FO/08.

2 Fordern Sie sie auf, die Bilder anzumalen und auszuschneiden und sie dann in die richtige Reihenfolge zu bringen.

3 Die Schüler bestimmen nun untereinander, wie spät es auf den einzelnen Bildern ist, und zeichnen die entsprechende Zeit in die Uhren ein.

4 Fordern Sie sie auf, Sätze zu den Bildern zu formulieren. Regen Sie Ihre Klasse an, Ihnen möglichst viele Sätze zuzurufen, und schreiben Sie einige von diesen an die Tafel, z.B. *At half past seven Alice takes an apple, some bread and some cheese out of the fridge.* Als Alternative dazu könnten Sie selber vier Sätze an die Tafel schreiben, die Ihre Schüler dann den entsprechenden Bildern zuordnen müssen.

5 Zum Schluss können die Schüler ein Zick-Zack-Buch anfertigen: Sie falten einen Streifen Papier in vier Abschnitte und kleben auf jeden ein Bild. Darunter schreiben sie jeweils einen Satz (siehe Bild 1).

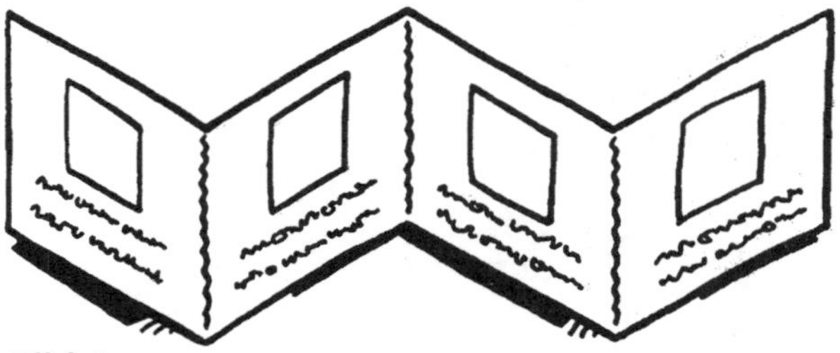

Bild 1

Weiterführende Übungen

1 Die Schüler malen ein Bild von ihren mitgebrachten Pausen-Snacks und beschriften es. Sie könnten dann darunter einen Satz schreiben, z.B. *I usually have sandwiches and orange juice for lunch.*

2 Spielen Sie das folgende Spiel mit Ihrer Klasse: Jeder Schüler schreibt eine Liste mit 4 Anweisungen, in denen eine Person gefunden werden muss, die mittags etwas Bestimmtes isst oder trinkt, z.B. *Find someone who drinks milk.* Diese Liste geben sie einem Mitschüler. Die Schüler gehen dann im Klassenzimmer herum und stellen einander Fragen, z.B. *Do you drink milk at lunch time?* Wenn die Antwort *yes* ist, schreiben sie den Namen der Person auf; wenn die Antwort *no* ist, müssen sie dasselbe noch einmal fragen. Die Schüler machen so lange weiter, bis sie vier entsprechende Personen gefunden haben. Besprechen Sie die Ergebnisse in der Klasse.

My Lunch Box

Mittagessen

☺☺☺

Sprachstrukturen

★ Geld/Lebensmittelkosten
★ Gänge

Materialien

★ eine Kopie der Seiten FO/09 und FO/10 für jede Gruppe
★ Pappe
★ Scheren
★ Klebstoff
★ Bunt- oder Wachsmalstifte

Vorbereitung

1 Teilen Sie die Klasse in Gruppen zu 3 Schülern auf und geben Sie ihnen jeweils eine Kopie der Spielkarten FO/09 und FO/10.

2 Die Schüler kleben sie auf ein Stück Pappe und schneiden sie dann aus.

3 Sie können die Karten anmalen, wenn sie wollen.

4 Danach sortieren sie die Karten in 4 Stapel: Getränke, Hauptgang, Gemüse, Nachtisch. Überprüfen Sie die Lösungen.

So wirds gemacht

1 Die Schüler arbeiten weiterhin in ihren Gruppen. Ein Spieler mischt die Karten und gibt 4 Karten an jeden Spieler. Der Rest kommt als Stapel verdeckt in die Mitte.

2 Die Schüler nehmen abwechselnd eine Karte von dem Stapel auf, sehen sie sich an und entscheiden, ob sie sie behalten wollen. Wenn nicht, legen sie sie unter den Stapel zurück; wenn ja, müssen sie eine andere Karte abgeben. Sie dürfen nie mehr als 4 Karten auf der Hand haben.

3 Wenn sie die *Tummy ache*-Karte aufnehmen, müssen sie sie den anderen zeigen. Sie verlieren 2 Punkte. Dann legen sie sie unter den Stapel zurück. Wenn sie die *Full Tummy*-Karte aufnehmen, zeigen sie sie auch den anderen. Sie bekommen 2 Punkte. Danach legen sie sie unter den Stapel zurück.

4 Die Spielrunde endet, wenn ein Schüler eine komplette Mahlzeit mit einem Getränk, einem Hauptgericht, einem Gemüse und einem Nachtisch auf der Hand hat. Dieser Schüler bekommt zwei Extrapunkte. Er erhält noch vier weitere, wenn die Mahlzeit weniger als 3 Pfund kostet.

5 Die Schüler spielen mehrere Runden (Sie können auch eine Spielfrist festsetzen) und zählen dann ihre Punkte zusammen, um festzustellen, wer gewonnen hat.

Peas
60p

Baked beans
30p

Chips
60p

Burger
£1.00

Fish
£1.20

Pizza
£1.10

Apple pie
£1.00

Tummy Ache

Sausages
95p

Mittagessen

Yoghurt
35p

Chocolate mousse
55p

Fruit salad
65p

Milk
75p

Full Tummy

Cola
65p

Lemonade
45p

Orange juice
40p

Sweetcorn
50p

Greedy George

Sprachstrukturen

- ★ Lebensmittel
- ★ Wochentage
- ★ Zahlen
- ★ Vergangenheit
- ★ Geschichten erzählen

Materialien

- ★ eine Kopie der Seiten FO/11 und FO/12 pro Schüler
- ★ Papier und Bunt- oder Wachsmalstifte

So wirds gemacht

1 Geben Sie jedem Schüler eine Kopie der Seite FO/11. Teilen Sie die Klasse in zwei Mannschaften auf. Spielen Sie folgendes Spiel zur Wiederholung der Vokabeln: Sie rufen einen Buchstaben (z.B. A), die Mannschaft, die zuerst ein Lebensmittel mit dem entsprechenden Anfangsbuchstaben nennt, bekommt einen Punkt. Ist die Antwort falsch, ist die andere Mannschaft an der Reihe.

2 Erklären Sie ihnen, dass sie eine Geschichte von Greedy George, eine sehr hungrigen Jungen, hören werden und dass sie die Lebensmittel ankreuzen müssen, die der Junge isst.

3 Lesen Sie ihnen die unten stehende Geschichte vor und überprüfen Sie danach die Antworten.

4 Eklären Sie Ihren Schülern, dass Sie die Geschichte noch einmal vorlesen werden und dass sie diesmal die Lebensmittel in der Reihenfolge nummerieren müssen, in der der Junge sie isst, z.B. *chocolate = 1, lollipops = 2,* Lesen Sie die Geschichte mehrmals vor, wenn nötig. Überprüfen Sie danach die Antworten.

5 Lesen Sie die Geschichte noch einmal vor und ändern Sie einige Wörter, z.B. *On Tuesday he ate six lollipops.* Ihre Schüler rufen *"Stop!"* wenn sie ein falsches Wort hören. Sie korrigieren den Fehler und sagen das richtige Wort, z.B. *two.*

6 Zum Abschluss können Sie Ihren Schülern einfache Verständnisfragen stellen, z.B. *What did he eat on Tuesday?*

Greedy George

George was very greedy.
On Sunday his grandma gave him some money.
On Monday he bought one bar of chocolate and ate it all up.
On Tuesday he bought two lollipops and ate them all up.
On Wednesday he bought three ice creams and ate them all up.
On Thursday he bought four cakes and ate them all up.
On Friday he bought five biscuits and ate them all up.
On Saturday he bought one sandwich, one sausage, one pizza, one apple pie and one melon.
He ate them all up and then he had a tummy ache!
On Sunday his grandma gave him some money. He put it in his piggy bank!

Weiterführende Übung

1 Die Schüler arbeiten in Paaren. Geben Sie jedem Schülerpaar eine Kopie der Seite FO/12.

2 Sie schreiben nun ihre eigene Version der Geschichte, indem sie den Namen eines Kindes, die Wochentage, Zahlen, Präpositionen und Lebensmittel in das Arbeitsblatt eintragen. Sie brauchen sich nicht an die Reihenfolge in der Vorlage halten.

3 Wenn sie mit der Geschichte fertig sind, fordern Sie sie auf, dazu Bilder zu malen. Danach können die einzelnen Schülerpaare dem Rest der Klasse ihre Geschichte vorlesen und dabei ihre Bilder hochhalten.

Name .... Class ....

Greedy George

Greedy George

Greedy ....

On Sunday ....'s grandma

gave .... some money.

On ....

bought ....

and ate .... all up.

On ....

bought ....

and ate .... all up.

On ....

bought one .... ,

one .... ,

one ....

and one ....

Then .... had a tummy ache!

Die tolle Milchshake-Firma

Sprachstrukturen

★ Hörfähigkeit
★ Vergangenheit
★ Rezepte schreiben

Materialien

★ eine Kopie der Seite FO/13 pro Schüler

So wirds gemacht

1 Geben Sie jedem Schüler eine Kopie des Arbeitsblatts FO/13.

2 Erklären Sie Ihren Schüler, dass sie Informationen über die tolle Milchshake-Firma hören werden und dass sie die Punkte, die die Kinder den verschiedenen Milchshakes gegeben haben, in die Tabelle eintragen müssen. Sie brauchen nicht jedes Wort zu verstehen. Am Ende zählen sie die Punkte für jede Geschmacksrichtung zusammen.

3 Lesen Sie die unten stehende Geschichte so oft wie notwendig vor (oder nehmen Sie sie vorher auf Cassette auf).

4 Besprechen Sie die Antworten. Danach füllen die Schüler in Einzelarbeit oder zu zweit die Abschnitte 2 und 3 auf ihrem Arbeitsblatt aus.

Weiterführende Übung

Wenn Ihre Schule entsprechend ausgestattet ist, könnten Sie und Ihre Schüler die Zutaten für Milchshakes zum Unterricht mitbringen, d.h. Milch, Speiseeis und Aromastoffe (Bananen-, Schokoladenaroma usw.) Sie könnten dann die vier verschiedenen Milchshakes machen und in der Klasse einen Probiertest veranstaltem, um herauszufinden, welche Geschmacksrichtung die beliebteste ist. Anschließend könnten die Schüler das Rezept für ihren Lieblingsmilchshake aufschreiben.

The Big Shake Company has made some new flavours of milkshake. The flavours are strawberry, chocolate, banana and orange. Five children tasted the milkshakes and gave each flavour points out of 5.

Alan gave 3 points for strawberry, (*pause*) 3 points for chocolate, (*pause*) 2 points for banana, (*pause*) and 4 points for orange. (*pause*)

Megan gave no points for strawberry, (*pause*) 5 points for chocolate, (*pause*) 2 points for banana, (*pause*) and 4 points for orange. (*pause*)

Paul gave 5 points for strawberry, (*pause*) no points for chocolate, (*pause*) 4 points for banana, (*pause*) and 1 point for orange. (*pause*)

Lisa gave 3 points for strawberry, (*pause*) 2 points for chocolate, (*pause*) 1 point for banana, (*pause*) and 5 points for orange. (*pause*)

Josh gave 3 points for strawberry, (*pause*) 2 points for chocolate, (*pause*) no points for banana, (*pause*) and 1 point for orange. (*pause*)

Lösungen
1 a Richtig b Falsch c Falsch d Richtig
3 a strawberry b strawberry c Lisa
d Paul e orange

Name .... Class ....

1

THE BIG SHAKE COMPANY Milkshake flavours test				
	strawberry	chocolate	banana	orange
Alan				
Megan				
Paul				
Lisa				
Josh				
TOTAL				

2 Write True or False.

a Alan gave chocolate 3 points. ....

b Lisa gave banana no points. ....

c Paul gave orange 3 points. ....

d Megan gave chocolate 5 points. ....

3 Write the answers.

a Which flavour did Paul like best? ....

b Which flavour did Megan like least? ....

c Who liked orange best? ....

d Who liked chocolate least? ....

e Which flavour got the most points? ....

Alles über Lebensmittel

Sprachstrukturen

★ Adjektive
★ Farben/Formen
★ Geschmack

Materialien

★ eine Kopie der Seite FO/14 pro Schüler

Vorbereitung

1 Teilen Sie die Klasse in Gruppen von 4 Schülern auf.

2 Sie sprechen untereinander ab, wer welches Obst oder Gemüse zur nächsten Unterrichtsstunde mitbringt. Sie brauchen vier verschiedene.

So wirds gemacht

1 Die Schüler arbeiten weiterhin in ihren Gruppen.

3 Verteilen Sie die Kopien der Seite FO/14 und besprechen Sie die Tabelle. Erklären Sie die einzelnen Abschnitte und stellen Sie Fragen zu einigen der vorgegebenen Antworten, z.B. *What's inside? = seeds, pips, a large seed, nothing.*

3 Die Schüler einer Gruppe füllen gemeinsam die Tabellen zu ihrem Obst und Gemüse aus. Helfen Sie ihnen, wenn notwendig.

4 Die Gruppen vergleichen jetzt ihre Tabellen, indem sie einander Fragen stellen.

Weiterführende Übung

1 Bringen Sie einige unterschiedlich schmeckende Esswaren mit in Ihren Unterricht. Schneiden Sie diese klein und verteilen Sie sie auf Teller. Decken Sie die Teller mit Geschirrtüchern zu und stellen Sie sie auf die Tische.

2 Sprechen Sie mit Ihren Schülern einige Adjektive durch, die mit Geschmack zu tun haben, z.B. *sour, sweet, bitter, fresh.*

3 Die Schüler arbeiten in Paaren: Zuerst werden einem Schüler die Augen verbunden. Dann probiert er die Esswaren und versucht zu erraten, was er isst. Der andere Schüler schreibt die Antworten auf. Dann tauschen die Schüler die Rollen.

4 Sagen Sie Ihren Schülern, was sich auf den Tellern befindet, und finden Sie heraus, wie viele die Esswaren richtig erraten haben.

Name .... Class ....

NAME	shape	colour	grown above or below ground	eat it raw or cooked	taste	What's inside?

Wer hat was bestellt?

Sprachstrukturen

★ *I'd like a ...*
★ *Can I have ...?*
★ *Where's my ...?*
★ Leserverstehen

Materialien

★ eine Kopie der Seite FO/15 pro Schüler oder für jedes Schülerpaar

So wirds gemacht

1 Verteilen Sie die Kopien der Seite FO/15 und stellen Sie dazu einige Fragen: *Who can you see in the picture? What are they doing? Are they happy?*

2 Die Schüler versuchen in Einzelarbeit oder zu zweit das Rätsel zu lösen. Zuerst müssen sie die Tabletts den entsprechenden Tischen zuordnen und dann jeweils den fehlenden Gegenstand darauf zeichnen.

3 Die Schüler vergleichen ihre Lösungen untereinander, bevor Sie sie in der Klasse besprechen.

Lösungen
1 d 2 a 3 b 4 e 5 c
a witch's milk
b yellow cola
c monster cake
d dragon steak
e purple pudding

Name .... Class ....

Which tray is for which table?
Can you draw the missing item?

Im 'Monster'-Café

Sprachstrukturen

★ Rollenspiel: Im Restaurant

Materialien

★ eine Kopie der Seite FO/16 für jede Gruppe
★ Requisiten für das Rollenspiel

Vorbereitung

1 Fragen Sie Ihre Schüler, ob sie sich daran erinnern können, wie das Café in der vorhergehenden Übung hieß. Erklären Sie ihnen, dass sie nun dort essen gehen werden. Fragen Sie sie, ob sie sich noch an die Namen der Speisen erinnern können.

2 Verteilen Sie die Kopien der Seite FO/16 und sprechen Sie sie in der Klasse durch. Regen Sie Ihre Schüler an, Vermutungen darüber anzustellen, woraus die Speisen gemacht sind, welche Farben sie haben usw.

3 Teilen Sie Ihre Klasse in Gruppen zu 3-5 Schülern auf. Sie bestimmen untereinander, wer welche Rolle spielt (einer ist der Kellner, die anderen sind Gäste).

4 Wenn möglich, sollten sich Ihre Schüler folgende Requisiten besorgen:
- Tisch und Stühle
- Besteck und Teller (diese können echt sein oder aus Papier gebastelt werden)
- Spiel-Essen (die Schüler können die Speisen auf der Karte zeichnen)
- ein Tablett, Gläser, Tassen usw. für den Kellner
- Kleidungsstücke, Hüte, Accessoires

So wirds gemacht

1 Gehen Sie mit einem Schüler als Partner einen einfachen Restaurant-Dialog durch (siehe unten stehendes Beispiel).

Waiter:	Good morning, madam. Here's your table. Are you ready to order?
Customer 1:	Yes. I'd like the Snake Soup and a Dragon Steak.
Waiter:	Would you like anything to drink?
Customer 1:	Yes, please. The Green Coffee.
Waiter:	What about you?
Customer 2:	Can I have The Monster Special.
Waiter:	Would you like a sweet?
Customer 2:	No, thank you.
	(pause)
Waiter:	Here are your meals.
Customer 1:	Thank you.
	(pause)
Customer 2:	Excuse me!
Waiter:	Can I help you?
Customer 2:	Can I have the bill, please?

2 Die Schüler arbeiten in Gruppen ein ähnliches Rollenspiel aus. Dann spielen sie es der Klasse vor.

Weiterführende Übungen

1 Die Schüler können ihre eigenen „Monster"-Café-Speisekarten entwerfen.

2 Sie können für die Speisen auf der Karte Rezepte schreiben.

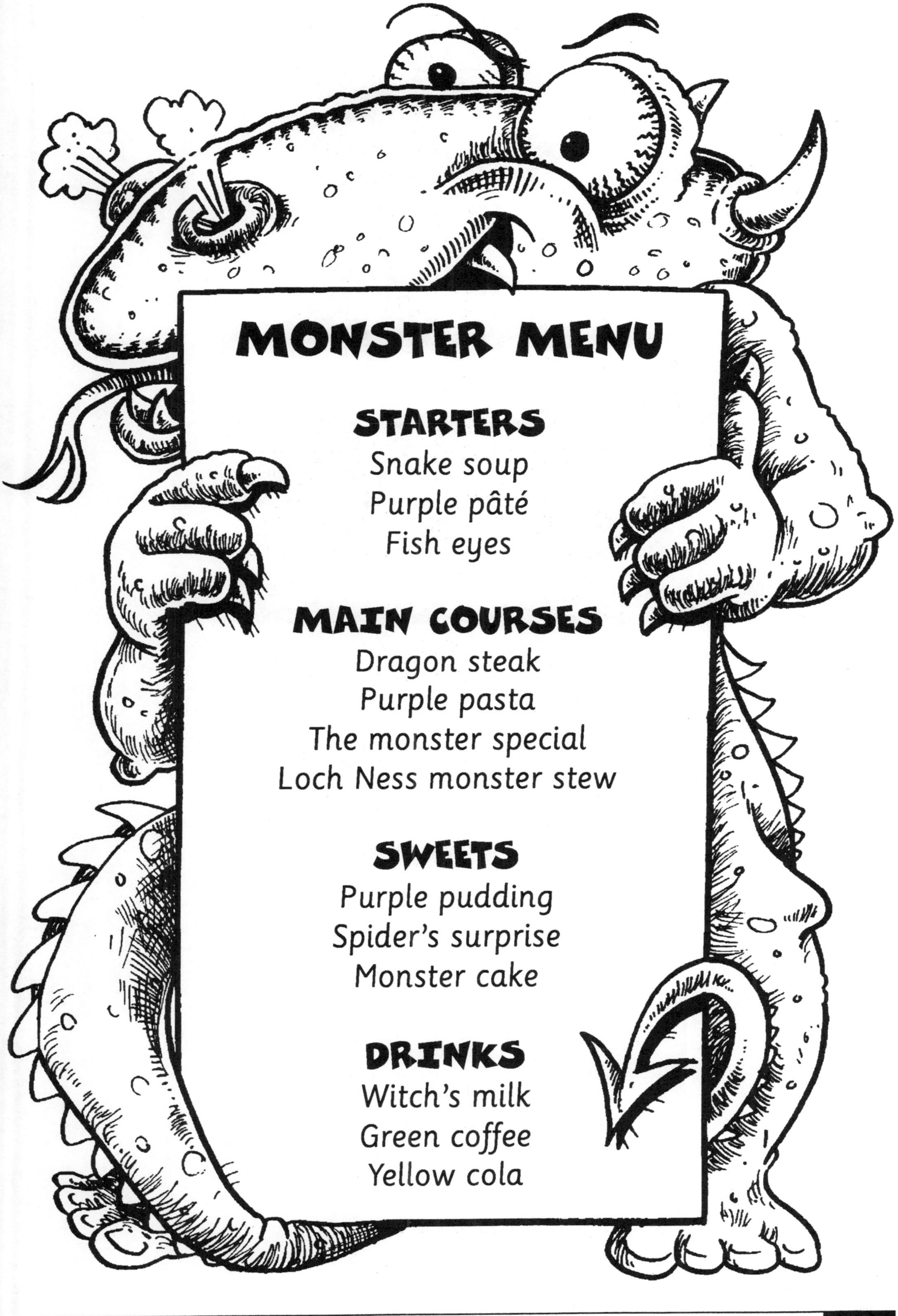

MONSTER MENU

STARTERS

Snake soup
Purple pâté
Fish eyes

MAIN COURSES

Dragon steak
Purple pasta
The monster special
Loch Ness monster stew

SWEETS

Purple pudding
Spider's surprise
Monster cake

DRINKS

Witch's milk
Green coffee
Yellow cola

jet PRIMARY TEACHERS' RESOURCE BOOK 2

Zusammengestellt und bearbeitet von Karen Gray

Zusätzliche Materialien für den Abschnitt Homes von
Christine Murray, Maggie Pinar, Barbara Wilkes und Jenny Gordon.

Zusätzliche Materialien für den Abschnitt Transport von
Jan Dicks und Jackie Holderness.

Zusätzliche Materialien für den Abschnitt Food von
Jan Dicks, Elizabeth Woodward Smith, Barbara Wilkes und John Williams.

Layout Christine Cox

Titelseite Caroline Ewen

Illustrationen Andrew Warrington

1. Auflage 1998 ✔ Druck 4 3 2 1 Jahr 2001 2000 99 98

Hergestellt in Großbritannien

ISBN 3-464-03900-5
Bestellnummer 39005